JN187154

祭祀と異界

渡来の祭りと精霊への行脚

前田憲二

現代書館

まえがき

私は一九五〇年代中葉から、映像の世界へと手を染め、テレビドキュメンタリー短編集、「日本の祭り」「日本の奇祭」「日本の集落」「日本の石仏」「我が旅・我が心」など祭事番組を中心におよそ二五〇作品以上を構成・演出した。そのため私の生活は旅先が栖（すみか）となった。

日本列島の各地を隅々まで踏破し、胸をときめかせた。しかし一方では古墳、神社、寺などの崩壊現場の現実が眼に飛び込んできた。それは市、町、村の政策による近代化を急ピッチで進める工事現場で、祭事はにわかに中断を余儀なくされていた。つまり時代のうねりが本来は遺さねばならない価値ある寺や家屋などを、旧態依然たる価値のないものと、行政が認め、大切な祭事までもを消滅させていた。そんな現場に何度か遭遇し、この国は何を考えているのかと、深い溜息をつくこともたびたびあった。

だが、祭りには恢恢有徳なるものが多く、例えば苦境から必然的に立ち上がった江戸期の一揆がそのまま姿を留めた、群馬県月夜野町の「やっさ祭り」などが残されていることに、驚き心を打たれることもあった。

特に驚嘆することは、日本列島内には、朝鮮三国、つまり高句麗、百済、新羅の信仰形態や民俗学的な文物が数多く残され、同時に、大陸や半島だけでなく、東南アジア全体、そしてツングース文化（オロッコ、ギリヤーク族）すらまでが列島内に吹き溜まっていることだった。

それらの見聞と記憶を土台に、「日本文化の源流とは」を辿り、いままで捩れていた紐を解きほぐし、人間恢復の道筋を見極めたいと考え、歴史や民俗、特にシャーマニズムに重点を置いて「祭事」の意味、来歴を調査した。

そんなおのれ自身の必然のなかで列島内に留まるだけでなく、中国、北朝鮮、韓国、インドネシア等々に飛び、特に韓国の歴史、民俗世界に大いなる関心をもち、四十歳代から七十歳代の今日にかけ一〇〇回以上、調査のために韓国へと渡った。

その結果、この本では、日本列島内の文化や歴史は大陸、特に朝鮮半島との深い関係史のなかで成立していることを、わかりやすく叙述した。

「卑弥呼の鬼道と幻術」「天皇と朝鮮半島のつながり」「コメの流れ」「列島内における百済文化の広がり」「性・芸能・差別」「中国の観念における『倭』の位置づけ」等々、祭事を中心に据えた視点から、それら諸々の問題に迫った。

言わば、この祭事記録の内容は、まさに「渡来の祭り・精霊への行脚」で、「ニッポンとは」、「日本人とは」をじっくりと考察した私自身の内的な吐露になるのかもしれない。

祭祀と異界＊目次

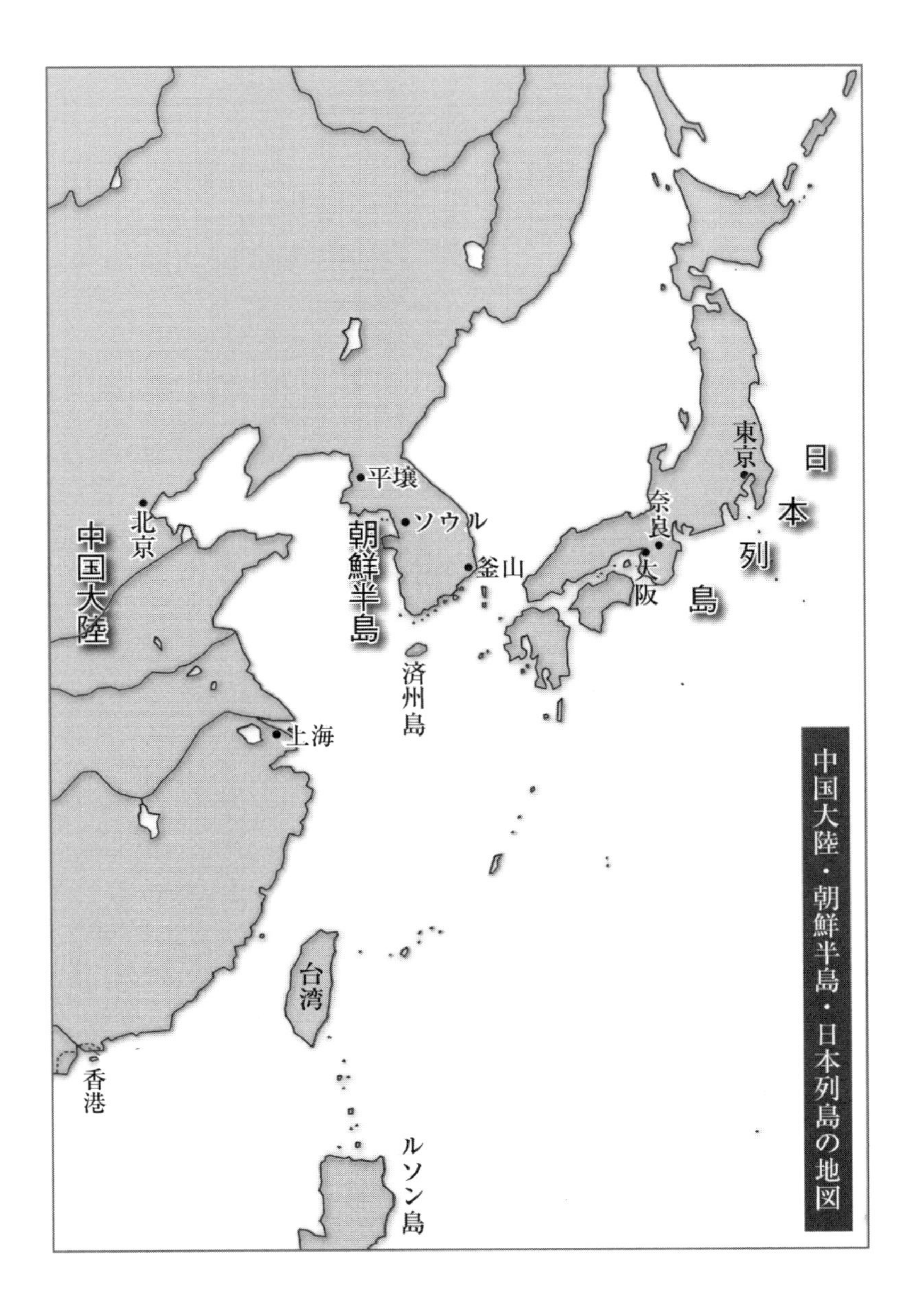
中国大陸・朝鮮半島・日本列島の地図
中国大陸
北京
平壌
ソウル
朝鮮半島
釜山
済州島
上海
台湾
香港
ルソン島
東京
奈良
大阪
日本列島

第一章　卑弥呼は古代朝鮮の巫女(ムダン)だった

一　「魏志倭人伝」と倭国

陳寿(ちんじゅ)（二三三―二九七）は、中国の巴西安漢、現在の四川省南充県に生まれ、史書の編纂を仕事とした。六十五歳の境涯だった。

編纂とは、諸々な手がかりとなる資料を集め、多くの人びとから説話や諸国の話を聞き、メモをとり、歴史、地域、辞典などの編集、執筆を担当したお役人の仕事である。

陳寿が著した「魏志倭人伝」は『三国志』（魏明五代、四六年間〈二二〇―二六五〉）に及ぶ、学問としての厖大な歴史書・六五巻のなかのほんの一部分「東夷伝」倭人の条。ここには、三世紀中葉の倭人の居住地と生活の様子が、主に聞き取りによって記されている。

『三国志』は三七万字によって構成されているが、「魏志倭人伝」は、一九八八文字。およそ二〇〇〇字で、四〇〇字詰め原稿用紙五枚となる。

戦前の日本においては「魏志倭人伝」はあまり研究が進まず、問題視されなかった。

日本における民俗学の賢人・柳田國男や折口信夫も、日本列島内の民俗のあり方や、その気配や特徴についての意味来歴を掘り起こすことには功績を上げたが、東北アジア全体には眼が届かなかった。それは手がかりや資料が少なく、時間がなかったためだろう。

さらにいえば陳寿は日本列島にやってきたわけではない。古代朝鮮の未知の人びとからさまざまな情報を得たのだろう。

朝鮮半島の南半には、馬韓（百済）、弁韓（伽耶）、辰韓（新羅）の三韓があり、馬韓は五四国、弁韓（弁辰ともいう）一二国、辰韓の一二国があったとされるが、これらの小国は地域的部族社会で血縁的関係によって強く結ばれていた。

韓族を人種学的にみると、馬韓族、のちの百済の支配者層は扶余（ふよ）族とされ、前一世紀から五世紀まで、朝鮮北部で活躍したツングース族で、四九四年高句麗によって滅ぼされた。被支配者層は韓族であり、インドシナ、つまりベトナム、ラオス、カンボジア、そして広義にはタイ、ミヤンマーを含む人種で、インドネシア族とも混交している。

辰韓は、前二世紀頃から四、五世紀にかけ、中国東北部から朝鮮半島北東部にかけ活躍した濊（ワイ・カイ）族が中心で貊（バク）とも呼称されていた。いわゆる濊・貊族である。

陳寿は三韓時代、朝鮮半島に居住したこれらの人びとから倭人について聴取していた。とはいえ、倭人は、中国からみた間接的な「倭」にすぎない。そこで朝鮮半島からみた「倭」で果たしてニッポンの古称だったのだろうか。実は「魏志倭人伝」には虚と実がこんがらがっているのだ。

井上秀雄は『倭・倭人・倭国』（人文書院）や『新羅と日本』（紀書房）のなかで、倭と捉えた中国の史観は以下のようだと示している。少々長くなるが『新羅と日本』から倭について引用してみる。

倭人関係記事は、南方の倭、すなわち、現在の中国長江流域以南をさす『論衡（ろんこう）』第八儒増篇・同第一九恢国篇がある。また、本紀と列伝が南宋の范曄（はんよう）（三九八—四四五）編纂による『後漢書（ごかんじょ）』は、厳密にいえば、南朝宗代の倭人観でもある。第一は鮮卑列伝巻八〇に、檀石槐に襲撃された倭人国がある。これは『山海経（せいがいきょう）』の倭とおなじ北方の倭人とみられ、その居住地は現在の内蒙古東南部遼寧省北部地域をあてることができる。

第二は『後漢書』東夷列伝倭条と韓条に、次のような記事がみられる。

(6)　後漢の光武帝の建武中元二（五七）年に、倭奴国王が使者を派遣して、貢ぎ物をたてまつり、朝賀（王宮におもむいて祝賀をのべること）した。このとき倭の使者は大夫と自称した。奴国は倭の最南端の国であるので、光武帝は印綬をあたえた。

(6)にみえる奴国は、『三国志』倭人伝や福岡市志賀島出土の金印からも、この記事の信憑性は高い。しかし、「奴国は倭の最南端の国である」とすることは、「魏志倭人伝」と食い違ってくる。史料を尊重するならば、一世紀中頃の中国王朝が支配していた最南端は、九州北部であったが、三世紀には、倭人の移動か、中国王朝の支配権の拡大化のいずれかで、倭人の居住範囲が変化したのであろう。『後漢書』の倭人の居住地は、(6)では九州北部をさし、次の(7)の韓伝では、馬韓や弁韓の地続きの南にあったとしている。

(7) 韓には三種族がおり、一を馬韓といい、二を辰韓といい、三を弁辰という。馬韓は西部にあり、五四国がある。馬韓の北は楽浪郡と接し、南は倭と接している。これもまた一二国ある。弁辰の南もまた倭と接している。韓には、総計七八国がある。

以上のように、後漢時代の倭人の居住地域は、まず、揚子江中流域以南に南方の倭人がいる。ついで『後漢書』鮮卑伝では『山海経』以来の北方の倭人が、『後漢書』東夷伝では、九州北部福岡地方の倭人と、朝鮮半島南部の倭人がいる。このように倭人の居住地域が四地域もあるのは、倭が『説文解字』にあるように、「倭とは従順なさま」をいう普通名詞であったためである。また、『漢書』地理志のように朝鮮国が二系統四種類もあったりすることは、後漢時代の中国人は、異民族の理解にあたって、同一の民族名、地域名を多方面に使用する傾向があったためである。

と、井上秀雄は研究を進めてきた。

一九九二年、ちょうど私は、学習院大学東洋文化研究所アジア文化研究プロジェクトを同大の諏訪春雄教授らと共に立ち上げ、一三年ばかりプロジェクトの運営委員として活動を続け、二〇〇三年春解散した。その間、日本の各大学、中国、韓国、日本の東京にある朝鮮大学からも、多くの先生方を招聘し、一三回のシンポジウム、三〇回近い講演会を開催し、多くの本も出版した。

一九九四年頃、京都から井上秀雄先生をお招きし、「倭」について語っていただいたのだが、先生の「倭」の問題提起には多くの視聴者や私も大きなショックを受けた。

言ってみれば「倭」は国名ではなく種族名である。それも中国からみた観念である。

例えば狗邪韓国（現・韓国慶尚南道金海）は倭の北岸になる。中国、朝鮮、日本の文献上、倭、および倭人の文字がどのように用いられてきたか、それぞれの地域的状況のなかで、既に独自の意味を有し、異なった用いられ方をしている、と井上秀雄は語る。


「魏志倭人伝」には、「倭人は帯方の東南にあたる大海の中に在り、山や島があるためにくには邑をつくっている　もとは百余国あり、漢の時代には朝見にやってきたくにもあった。いま、使いの者や、通訳がくるところは三十国ある」と記しだしている。

それを帯方郡より倭に迫ってみると、郡を出発、海岸に沿って黄海を航行し、韓族のくにぐにを経て、しばらく南に、それからしばらく東に進んで、倭の北岸、狗邪韓国に到達。その間の距離は七千余里となる。帯方郡を出発して女王国（邪馬台国）に至るには一万二千余里と記述されるが、帯方郡とは、古代朝鮮に置かれた中国の郡名とされ三一三年まで存続した。

現在の仁川辺りから黄海南道にかけてと考えられている。

一九五五年以後になると、研究者たちにもやっと「倭」のもつ意味や、「倭」が東アジア全体に何カ所も広がっていることが、中国からみた観念だと徐々にわかってきた。

　朝鮮半島を分断する三八度線近くの京畿道江華島（キョンギドカンファド）（帯方郡の中心）から船出し、激しい潮流の黄海を南下すると、現在の忠清南道（チュンチョンナムド）、全羅北道（チョンラプットド）、美しい多島海の全羅南道（チョルラナムド）を経て、北東に向かうと、さらに多くの島々が展開し、それらを抜けると慶尚南道釜山（キョンサンナムドプサン）へと至る。

　その釜山まで、頑丈に造られたであろう何艘の舟で航海したのだろうか。食料、水、薬、衣服、そして船乗りの人数、体力、女性たちの保護も当然必要だ。とはいえ「魏志倭人伝」には船乗りたちの苦労や生活がほとんど記されていない。克明に記さねばならない航海日誌ですら、何ら、書かれていない。女王国に向かって突進するだけの記述なのだ。まるで難解なミステリー小説を楽しんで深く解読するような聞き取りになっている。陳寿は誇大里数をでっち上げていたのだ。

　帯方郡から狗邪韓国に七千余里。それを航海するとなると小型舟が最低でも七、八艘でチームを組み、沿海ぎりぎりに進行し、一〇〇回以上の接岸を繰り返し、食料、水、衣類を略奪補強しつつ航行することになる。病人や死者も当然でることだろう。帯方郡から狗邪韓国までは、当時の帆船なら二〇日以上かかったと想像される。

　魏志倭人伝には、そこから女王国に行くには、対馬国に至り、また、南に一海を渡り、末盧国、東南に陸を行き、奴国、不弥国、投馬国に行き、そこには五万余戸あって、そこから南へ行けば邪馬台国に至り、そこは女王の都である、と記述している。

　その記述には陳寿の妄想と思い込み、そして逞しい想像力が綯い交ぜになってこんがらがっている。真実を捩じ曲げ無理矢理曲解している。

二　卑弥呼はいた

陳寿は、中国の東南海上に邪馬台国が位置すると想定したが、いったい何年かかって、何名の人びとから情報を手に入れたのだろうか。

真実はわからないのだが、真実を曖昧に貶め、場所や位置に矛盾を込めて、わざと解読できないようにしているのだ。

帯方郡より一万二千余里となり、大海のなかに居住するということになれば、倭人の国は朝鮮半島の東に位置する東海（トンへ）（日本海）の釜山近くに位置する巨済島（コジェド）と捉えねばなるまい。

巨済島では二千年も前から鉄や貝、そして石でつくられた古代の釣針、スプーン等々が数多く発掘され、いまも釜山大学博物館に展示されている。

私はそれらの発掘品を数多く撮影した。

邪馬台国論争は、日本列島所在論者が圧倒的で、福岡九州説、箸墓（はしはか）古墳を中心とする大和桜井説に二分されている。ところが四国説、なかには出雲説まであって不思議が不思議を呼んでいる。

倭国はたしかに九州北部に存在したが、日本が、『漢書』によってニホン、ヤマト、ヒノモトと解かれたのは七〇一年である。それも日本列島全体をさすのか、奈良を中心とした畿内をさすのか判然としない。

近年では、前田速夫が『海を渡った白山信仰』（現代書館）などで、白山信仰を通して、日本の信仰形態は朝鮮半島からのパク（白・pak）の流れにあり、それを通して列島内の大きなうねりと差別構造を見詰めようと解いている。

『日本書紀』は、七二〇（養老四）年舎人親王らの撰によって朝鮮語で記されたと、木下礼人は『日本書紀と古代朝鮮』（塙書房）で解き、上田正昭（京都大学名誉教授）もそのことを立証している。

陳寿が『三国志』を構成したのは、後漢滅亡後の、魏・呉・蜀の三国に分裂した戦乱後の二二〇年から、魏の司馬昭が蜀を滅亡させ、司馬昭の子、司馬炎が呉を亡ぼし、晋王朝を誕生させた二八〇年までである。

晋に仕えた陳寿が、郡の役人で中正に任じられ、その後、著作郎に転じ、おのれが活躍した時代までを記した歴史書が『三国志』である。

「魏志倭人伝」のなかの核である、光り輝く女王、鬼女が卑弥呼である。卑弥呼は古代朝鮮語でヒミコ、ヒメコとも読み、「ヒム」と「ヒミ」は同義語で、力（ちから）、エネルギーを表し、「ク・コ」は巨大、大きいことを表現している。つまりヒミコはエネルギーを秘めた巨大な人、つまり巫女、シャーマンの意である。

卑弥呼は巨済島に実際存在したムダン・巫女、そして鬼女であった。巨済島は済州島（チェジュド）に次ぐ韓国第二の大きな島で、水田、耕地に恵まれ、農業が発達し、漁業にも恵まれた島である。

私も二度ばかり巨済島をロケで訪ねたが、いまでは、一〇層、二〇層のマンションが林立し、大き

真鍮の盥をくわえて霊界へと憑依する人間文化財の賓順愛 巫女（写真・安世鴻）

な造船所や、造船工業団地が密集している。

韓国で高名な彫刻家で、陶磁器研究家の金九漢（キムクハン）氏に聞けば、巨済島は金泳三（キムヨンサム）元大統領の出身地で、民主化運動に熱心な島であり、島の人びとはムダン（巫女）をたいへん尊重していると云々していた。ムダンは病に倒れた漁師や、その家族に巫医の役割をし、また一方では霊媒を取り除くムダンがたくさんいたということだ。

長編記録映画「土俗の乱声（らんじょう）」製作時に、いまは故人の韓国の高名な民俗写真家、金秀男（キムスナム）氏に巫女が祭司となる「別神祭（ピョルシンジェ）」を撮るため韓国慶尚北道（キョンサンプットト）、東海岸に位置する盈徳郡寧海面糸津（ヨンドクグンヨンヘミョンサジン）の漁村に案内された。山襞が迫る海岸線に沿った九〇戸ばかりの漁村で一週間近くロケをした。

その折りのムダンは申石南（シムソクナム）（人間文化財）で当時七十歳代後半と思われた。彼女は見るからにシャーマンで、眼の鋭さ、祈りの厳粛さ、身の熟（こな）し方などはまさに神憑った巫女だった。

金秀男氏は、長年、韓国の巫女と、その巫祭を追って写真を撮り、写真集を出版していたが、韓国には女巫が多く、全体の八〇%~八五%を占め、バクス（男巫）は一〇%前後だろうと語っていた。湖南地方、全羅道はタンゴル、済州島はシンパン（神房）で、降神体験を得て女巫になったシャーマンもいるが、多くの女巫は世襲司祭らしい。

巨済島のシャーマンについて聞くと、かつては大きな巫祭（女巫）がいくつかあり、跳舞、刃物渡り、生け贄の儀式が数多く残されトランス状態になる巫女が大勢いたが、いまはどうだろうか？　ということだった。つまり巨済島には巫儀による鬼女の文化が残されていたらしい。

歌が巧みで、舞が上手、笑顔を絶やさず巫祭に参加した人びとを心酔させる、ムダンや、一見して神憑りしており、助けを求めて接する人びとにいきなり憑依し、カミソリの眼を光らせるムダンなど、韓国には数多くの巫女がいまの情報化時代にも健在しているとのことだった。

卑弥呼は鬼道につかえ、能(よ)く衆を惑わした。男の弟がいて、卑弥呼が国を治めていることを助けている。卑弥呼には夫はいない。婢(召し使われる女)千人がいて自らを侍(はべ)らし、ただ男子が一人有りて飲食を給し、辞を伝え出入す。

卑弥呼がいる宮室は、楼観(物見のたかどの)があり、城柵が厳しく設けられ、常に人おり、兵がいて守衛している。

古代朝鮮「百済(くだら)」は古語で大きな集落(村)という意味だが、馬韓時代には、馬韓伯済国となり、その後、四世紀前半に百済国となる。言うならば南方系文化と北方の高句麗の文化が混交して大きな集落・百済国ができるのである。

馬韓、弁韓、辰韓時代、つまり卑弥呼が鬼道につかえた時代から、百済、伽耶(加羅)、新羅へと国が成長する過程で、三国の厳しい争奪時代を乗り越えるため、それぞれの国が優れたシャーマンを共に擁立した。そのことは歴史にくわしい。

私たちはともすると、百済、伽耶、新羅と聞けば、半島の内陸を想像しがちだが、卑弥呼の時代には海上の島々や、沿岸に接した場が交易や文化を発展させる拠点で、その場には絶対的権力者の君臨が必要だった。

時代は下るが八世紀末から九世紀にかけ朝鮮半島西南端、珍島（チンド）近くの莞島（ワンド）を中心に海を舞台に活躍した大将軍・張保皐（チャンボコ）は東アジア全体の海上貿易を発展させ、文化を促進し、敵国から国を守った人物で、いまも韓国では李舜臣（イスンシン）と共に教科書に大きく掲載され、莞島には張保皐記念館もある。

古代、中国山東半島膠州湾の南島端にある青島の海賊たちは、黄海を越え、朝鮮半島西海岸に位置する島々や沿岸地を襲い、薬草、米、小動物、塩等々を掠奪したが、決して内陸部には侵入しなかったらしい。つまり島々にはたくさんの資源があったわけだ。

当時、海は唯一の交通機関であり、文化発信の基地で、同時に外敵から身を守る重要な防備的存在だった。

言うならば巨済島とその周辺の島々は、中国からみた観念的倭国であって、宗教的シャーマニズムを核とし、鬼道の教理を象徴させる体制を敷いていた。その体制を演出するためには儀式、祭祀が必要で、神器となる楽器で人の心を奪わねばならない。その音に合わせ巫女は鬼神となって天の理を獲得し、人びとの安寧を図るのだった。

七星の鈴、ケンガリ（小金）、コムンゴ（玄鶴琴）、伽耶琴などは、鬼道を神格化させるべき楽器だった。因みに世界で一番楽器が多い国は韓国と云々されている。そういえば奈良東大寺大仏の開眼供養は、天平勝宝四（七五二）年に百済渡来の僧・行基によって挙行されたが、その場では高句麗楽、百済楽、新羅楽が奏された。

巫祭における楽器も、宗教に寄り添う器楽も共に政治的色彩を色濃くしている。

かつての朝鮮も、いまの韓国も、詩、歌舞、パンソリ等々はお手のもので、表現が優れた民族だと捉えられている。

そして道教、儒教、仏教、キリスト教が渾然一体となったこのクニでは、古代から現代までシャーマニズムが逞しく健在している。


かつて井上秀雄先生に、奈良東大寺を中心に古代百済文化のある地を奈良にかぎって御案内いただいたことがある。いまから十五、六年前だろうか。

その夏は猛暑で、韓国全羅北道全州（チョンジェ）から韓勝憲弁護士が団長となり、大学教授はじめ文化人など多士済々四九名の方々が渡日された。

井上秀雄先生は、東大寺で百済渡来文化についてこと細かく説明され、昼、ホテルに全員が集い、休憩時間をとった。

夕刻近く、先生と別れ際、御挨拶をし、数日前先生から頂戴した『新羅と日本』に記された倭、そして邪馬台国について伺ったのだが、先生の答えは、ひと言、「あれはニホンじゃないですよ……」だった。それは、実に毅然とした態度だった。


「魏志倭人伝」のなかには、倭の生活の様子が描かれている左記の部分がある。

倭の地は温暖　冬夏は生菜を食し皆　徒跣（履物をはかないで）す　屋室有り　父母兄弟　臥息す

る処を異にす　朱丹をもってその身体を塗るのは　中国の粉を用いるがごときなり　食飲には籩豆（ヘントウ）（供物を盛る台つきの器）を用い　手で食べる　その屍には　棺はあるが槨（ヒツギ）なく　土を封じて冢（ツカ）を作る　始めて死するや停喪すること十余日時に当たりて肉を食らはず　喪主は哭泣し　他人は就きて歌舞飲酒す　已に葬るや　家を挙げて水中に詣りて澡浴すること　以て練沐の如くす

韓国南東部は温暖の地で、冬夏も生野菜を食すが、日本ではその習慣がない。履物をはかず、父母兄弟は寝間を別にす。日本ではそんなゆとりがない。朱丹（硫黄と水銀が化合した赤土）を日本では軀に塗らない。土を封じて冢を作る。これは韓国では現在も同様。韓国では喪主はいまもアイゴーと発する。日本では石川県、兵庫県、大阪などでは号泣する泣女を雇うこともままあった。とにもかくにも、韓国と日本は〝渡来〟文化を通じて相似する部分も多い。でも日本列島は縄文以来の文化を持続し、各地各様の文化をもつ。雑煮ひとつを取り上げても、各地各様の食材を使い、味のつけ方がまったく違う。

三　卑弥呼に対する日本人の感性

日本人は「魏志倭人伝」に伝えられる邪馬台国が日本列島の何処かに発見されるべきだと躍起になっている。それは夢のある世界なので、私も列島をいろいろ探索した体験がある。

古代の日本列島は国名がなく、蝦夷地（えぞち）、難波津（なにわづ）、吉備（きび）、美作（みまさか）、越（こし）（高志国）、熊襲（くまそ）など、列島内部にはさまざまな風土、文化をもつ地域社会が数多くあり、七一六（霊亀二）年には現在の埼玉県日高

奈良県飛鳥・石舞台古墳。高句麗式方形周溝墓と考えられている

市に高麗郡が拓かれている。

奈良は、ナラ（那良・那羅・楢）で、大和、倭、と天理市中心を「倭」と記した時代もあった。ナラ盆地は大和政権が置かれた地で、朝鮮語のウリナラは、我が祖国、または平地という意味である。奈良地方にはナラという里名地名が数多くあり、豪族・和爾氏里、櫟本には、和爾の集落に和爾下神社があり、天理市楢町には、楢神社がある。

神社横の県道は桜井市の箸墓古墳に通じ、古代の「上つ道」にあたる。奈良県内にはかつては「楢」という姓が多く、楢から分かれ楢崎、楢坂、奈良坂という姓も存在する。

楢神社は楢と姓がつく人びとが崇敬する社で、ウリナラと奈良の関係も見逃せない。

女王・卑弥呼は鬼道に通じたとされるが、巫女としてだけでなく妖術、幻術をも駆使し、能く衆を惑わす存在であった。おそらく、酒巫の性格があって、強い酒を飲むことで恍惚境に入り、天界に上るための呪文を狂瀾して唱えたのであろう。

かつては、日本各地の謂れ（いわ）のある神社の巫女（神子）たちは未婚が条件で、神に仕え神意を伺って神託を告げるとき、坐ったまま空中に何度も跳ね、斎殿を狂うようにころげ回った。それは人びとの心を掌握するためだ。

かつて映画評論家の佐藤忠男氏にそんな話をした折り、氏の姉も畳に坐ったまま空に跳ねることができると聞いた記憶がある。

奈良県桜井市箸中に卑弥呼の墓と伝えられる箸墓古墳がある。三世紀中頃から後期にかけ造られたもので、後円部上段には石積みの円壇がある巨大古墳である。

卑弥呼の跡を継いだとされる壹与（いよ）（臺与（とよ）とも呼ぶ）の墓とされるのが奈良県天理市の西殿塚古墳（三世紀後半―四世紀初頭）。この古墳にも、前方部頂上に、大きな石積み方形壇が造られていた。この二つの古墳は大王墓とされ、宮内庁管理となっている。

箸墓古墳は墳長二八〇メートル、後円部直径一六〇メートル、最古の埴輪があり、「崇神紀」には第七代孝霊天王の皇女を倭迹迹日百襲姫命（やまとととびももそひめのみこと）とする伝説があって、卑弥呼の墓とも考えられている。

私は一九八六年から三年かけ一九八八年に長編記録映画「神々の履歴書」を完成させたが、その折り奈良、河内には数度ロケに入り、ヘリコプターを飛ばし上空から俯瞰して古墳群を眺めた。

二世紀、三世紀、四世紀の世界が眼下に存在する。それはツインタワービル、東京タワー、スカイツリーなどの厳つい鋭角線群とは異なり、山や川や野原に古墳が悠然と溶け込んでいる。空想が夢を呼び、夢が空想を生む世界だった。現代社会はたかだか二千年たらずの歴史であるが、私たちはずたずたに寸断された人間生活の末路を暗示するかのような基地光景のなかに閉じ込められて窒息しそうなのだ。

卑弥呼に戻そう。

私は東京都清瀬市に居住している。お隣さんは東久留米市。よく考えてみると清瀬市は高麗王若光が拓いた高麗神社と高麗郡の流れを汲み、高麗家から分かれた旧家が多い。そのことは姓によって判別できる。一例は金子だ。

我が家と埼玉県新座市は隣接し、新座市と埼玉県志木市は繫がっているが、新座と志木は『続日本紀』によれば新羅渡来人が拓いた場である。

東久留米は、福岡県久留米の人びとが久留米にある水天宮（この神社は子授けの神として有名で、かつて私も福岡久留米水天宮に祭りを取材に行ったことがある）の氏神（御霊）を東に移動させ、分社を安置して拓いた。

卑弥呼の邪馬台国は九州福岡の久留米に位置したと捉える研究者が多い。

福岡県久留米は筑後川下流にあり久留米絣が有名。いまは人口三〇万前後だが、卑弥呼が活躍した時代も人口密度は高かったと考えられている。

とはいえ九州の大型古墳は三世紀築造が多く、年代が合致しないという意見も多い。また一方では

「魏志倭人伝」の邪馬台国の位置とは距離が食い違うなど喧喧諤諤だ。

　邪馬台国論争は仮説が仮説を呼び、いまでは佐賀県神崎郡の吉野ヶ里遺跡を邪馬台国とする説も有力になっている。

「魏志倭人伝」には「男子は大小ともなく、みな、黥面文身(げいめんぶんしん)す」と記されている。つまり大人も子供も区別なく、みな顔面と身体に入れ墨をしていたのである。日本列島太平洋岸、静岡県より西岸地帯、愛知、三重、和歌山、兵庫、岡山、四国、九州、沖縄の全域では、漁師には黥面をした人びとが多くいた。特に太刀魚を獲る漁師は黥麺をすることが常であった。その太刀魚は高級硬骨魚で鱗はなく、全体銀白色、全長一・五メートルほどあり、体表面の銀色はグアニンで、模造真珠の原料や装飾品などに利用された。

　漁師たちは海に潜り、三、四人の共同漁で網囲いし、頬白鮫や毒蛇から身を守るため黥面をしていた。

　韓国、東海岸下方から巨済島(コジュド)、そして莞島(ワンド)、珍島(チンド)から西海岸にかけては太刀魚の宝庫である。そして韓国だけでなく中国南東部福建省にかけての漁民にも共通した黥面が近世まで持続していたことが確認されている。軀には共通して龍の入れ墨が彫られていた。

　それは漁民男子にかぎらず、女たちも手の甲や指などに呪(まじな)いとして入れ墨する風習があった。

　韓国忠清南道(チュンチョンナムド)大田(テジョン)市に三つの学校を運営し、国会議員もやったことのあるパク・ヒュンベ氏は、姉も指に入れ墨していたと告げ、島の漁師たちにとってはそれは当然で、お年寄のなかには、いまも入れ墨の人がいるかもしれないと云々していた。それは「土俗の乱声(らんじょう)」ロケ中のことだが、「日本の祭り」「日本の奇祭」「日本の集落」等々二五〇本ばかりのテレビドキュメンタリーを撮っているときは、一年の半分を旅し、日本国中を巡ったが、当時いたるところで漁民の入れ墨を確認できた。

特に刺激を受けたのは沖縄での取材時に、老婆たちが唇の周りに入れ墨していることだった。首里、勝連半島平敷屋辺りでよく眼にしたのだが、それは歯を労る（いたわる）と同時に身持ちの良さを証明するのだそうだ。そのことはアイヌ女性にも共通している。北海道旭川で川村カネトアイヌ（本名）氏をテレビドキュメンタリーで数度取材した折り、氏がインドネシアに招かれ、少数民族のシンポジウムに参加した際、沖縄やアイヌの老婆と同じようにインドネシアの老婆も口に入れ墨していたと語ってくれた。

水野祐が『評釈魏志倭人伝』（雄山閣）に記すには倭人伝では、次のように述べられている。

倭の諸国は誰か、くに全体を統合すべき王者の必要を痛感、各国の首長たちが、協議して、首長国連合の首長を定めようということになる。男子の王、各国の首長のなかから、その人を選出することはできなかったので、皆の合意が得られるのは、当時もっとも霊能が優れていて、人びとが皆畏敬していた、邪馬台国の王族の一員であり、かつ巫女であった卑弥呼を擁立しようということに話し合いがまとまって、卑弥呼を首長国連合の王とすることで、長期にわたる戦争状態に終止符をうつことができた。

このことについては『三国志』『後漢書』『梁書』がすべて一致していて「一女子卑弥呼を共立して王となした」と記されており、その理由も「年が長じていて、夫婿（ふせい）がなく、独身の女性で、しかも鬼道を事として、よく衆を妖惑させる霊力をもっていたから、平素から倭国の人が卑弥呼の霊力を信じ、畏敬していたので、皆が女王として統治することを納得した。

卑弥呼は二四七年前後、狗奴（くな）国との激しい戦争の渦中で死んだとされている。享年七十歳前後と考えられる。病気なのか、殺されたのか、そのことはわからない。

でも卑弥呼は私たちに夢を与えてくれた。卑弥呼は医巫とも考えられている。おそらく心理治療法をも会得していたのだろう。そして男たちを統率して勇敢に生を全うした。いま私は巨済島にゆっくり臨みたいと考えている。

第二章　朝鮮半島にルーツをもつ天皇家

一　国名をもたない列島

縦長で、季節の変遷がはっきりしている日本列島。しかしこの列島は七世紀後半まで国名をもてなかった。

列島の各地に存在する神社には、東南アジアのさまざまな御祭神が祀られている。神社総数を調べてみると、現在、神社本庁に登録されている数は七万九〇九〇社で、神職は四万人。一人平均二社、なかには六、七社をかけもちしている神職もいる。

伏見稲荷四万社や、えびす神社三千社などは神社庁に登録していない。これらの神社の大半は社務所があり、神楽殿がある神社だが、ほかの摂社、末社を加えると列島全体で三〇万以上の神社がある。

それは神社が形成された三世紀から七世紀にかけて、多種多様な民族であるマレビトたちが漂着し、一族の結束を図る目的で神社を構成し、その土地、土地に根付いた土俗神を吸収していったからだと考えられる。

列島各地には寄りくる神々たちが寄木神社をつくり、御旅所を渚に構える例が多い。えびす神社も海岸線を中心として神社を拓いており、海人族の典型を示している。
神社成立の意味来歴には、のちの時代にでっち上げられたウソや欺瞞が多いのだが、それは時の権力者たちが、人心を摑むために神社を利用したからだろう。神社には精霊崇拝や霊魂観があり、東南アジアのマレビトさえ数多く祀られている。そのため列島の古代文化は国際色豊かな吹き溜まり文化圏だった。

時代は下り、平安時代から鎌倉時代にかけ、神社は神霊を鎮祭する場から、参拝を中心に祭儀を演出する舞台へと変貌していくのだった。ではいったい日本という国名はいつの時代に命名されたのだろうか。

大宝律令のできた七〇一（大宝元）年、遣唐使が中国の唐に行く。このとき列島から唐へ渡った使者が「日本」からやってきた者です、と告げている。それが中国の史書に記されているのだが、音読ではニホン、ヒノモト、ヤマトなどのように伝えたのだろうか。

この記述から、律令体制のできた天武期（六七二―六八六）、または持統期（六九〇―六九七）頃には、日本という国号がすでにあったことが推察できる。

しかし、その頃の日本は、出雲、出羽など地方区画の国名はあったのだが、列島をひとつに括る国名はなく、山城、大和、河内、和泉、摂津の畿内だけを日本と呼称していた。

その場はいわば朝鮮三国集中文化圏で、関東、東北、北陸地方は蝦夷地だった。列島全体が日本となるのは平安中期以後で、北海道が日本となったのは近世のことだった。

二　物部氏（海人族）と蘇我氏（百済渡来人）

四国山地東部剣山系に源を発す物部川は、南に流れ、物部村を抜け、香長平野をつくり土佐湾に注いでいる。

高知県、愛媛県、徳島県、兵庫県と淡路島、そして島根県などに物部の地名や神社名が数多く残されているが、物部氏は古代の大豪族であった。

六世紀を中心とする氏姓制の時代には、多数の同族氏族を率いて「物部の八十氏」と呼称され、軍事、警察、裁判を掌握する強大な権力をもった伴造氏族であった。

その物部氏は、六世紀末、仏教受容に反旗を翻して蘇我氏と戦い滅びるのだが、本来、物部一族は海人族系渡来集団と推測できる。

物部氏が、蘇我馬子の建立した寺院を焼き、焼け残った仏像を難波の堀江に投棄した話は有名だが、物部氏の鎮魂の儀式は必ずといってよいほど海神に向けられている。

物部氏の祭事には特殊神事が多く、例えば島根県大田市川合の物部神社の七月十九日夜に行なわれる「物部鎮火祭」は、まず村落の寺の鐘をつくことを禁じ、各村落の入口にすべての鳴り物を禁ずというお触れをだし、一切の音止めを徹底させた。仏教否定の明らかな表れだ。

その間、宮司や神職らは鳥井浦で禊を行ない、やがて宮司は海の神に修祓したのち、本殿に着座し、「ヨーイン、ヨーイン、ヨーイン」と三度大声で唱え、神起こしをする。

この「ヨーイン」は多人数で船の櫂を漕いでいる渡来の様子を彷彿させると伝えられる。

物部神社の御祭神は物部氏の祖神・宇摩志麻遅命（うましまち）で、神社の裏山には御祭神の墓と伝えられる古墳がある。

また、この神社では、正月十五日に粥を神前に供える「小豆御贄神事（あずきおんにえしんじ）」がある。これは小豆粥に小餅とヒネリトビを入れたもので、ヒネリトビとは、白紙に白米と豆を包み、正月の飾りとお供えに用いる島根地方独特のものだが、物部神社では、白米とスルメと昆布を刻んで粥に入れる。それは、いまの韓国各地にもみられ海への感謝の気持ちを表しているのだ。

一方、蘇我氏について考えてみたい。飛鳥時代には孝元（こうげん）天皇の孫とされた武内宿禰（たけのうちのすくね）を祖先とし、その子、石川宿禰を起源として豪族・蘇我氏が誕生したという説話がある。が実際には、朝鮮三国のひとつ百済から五世紀に渡来した高級官人木満致（もくまち）が、大和の曾我に居住し、その場を中心に定着し、蘇我氏を名乗り仏教を広めた。

また蘇我は、曾我、宗賀、巷宜、巷哥とも記され、人名や地名にも残される。

蘇我氏一族は、現在の奈良県高市郡曾我をくにづくりの根拠地とし、政治、経済、軍事を発展させ、交通路を拡大して、寺院を次々に造営させた。

六世紀中葉になると、高麗（こま）の子である蘇我稲目（いなめ）は、宣化（せんか）天皇とされる大王の力を借り、いちだんと勢力を拡大させ、曾我川沿いの一帯を牙城とし、その畝傍（うねび）山麓から飛鳥全体を領土とした。

七世紀に入ると、蘇我氏はさらに、堅塩媛（きたしひめ）家を河内に配し、三輪山には小姉君（こあねのきみ）家を、飛鳥の西には境部臣（さかいべのおみ）を、山田道には倉山田石川臣家を配し、竜田道からの軍勢を抑えるため、斑鳩（いかるが）には廐戸皇子の上宮王家が布陣を配した。

こうして高市郡の東西南北全体に布陣を配し、久米家は儀式用の舞踊を、田中氏は雑穀と農事を統括し、桜井氏は寺院や古墳の造営を担当し、有力な諸家を支えたのだった。

この布陣を配した一大拠点を大和と呼称した。大和は、日本(ヤマト)に置き替えられ、蘇我氏という百済直系の人びとが、大王となり有力諸家を構成し、仏像を広め、新羅、高句麗、そして唐と活発な貿易を展開、文化交流を開花させたのだった。

だが、その広大な地域の核となるのはやはり大王である。

『記』『紀』によって天皇とされ、二八代と考えられてきた宣化天皇は、諡(おくりな)を武小広国押盾尊(たけおひろくにおしたてのみこと)と命名されている。たけおひろくにおしたて、と読む。なんとうまく演出され、構成された命名だろうか。

つまり武力によってくにを押し広げ、そのくにを立ち上げよう、という諡なのである。宣化天皇は継体(けいたい)天皇の第三子とされている。継体という名は継続を意味し、継体天皇の諡は男大迹尊(おおどのみこと)と読む。その諡にはスケールの大きな王が、ここにとどまる、という意味が込められている。

六世紀から八世紀にかけ、奈良飛鳥の檜前の里に立ち四方を眺めれば、百済家以外は確認できないと云々されたほど、この場には百済渡来の人びとが犇(ひし)めいていた。つまり檜前は、百済渡来氏族 東(やまとの)漢(あや)氏の土地だった。

百済一族を祀る於美阿志(おみあし)神社に接続して檜隈(ひのくま)（前）寺跡があり、いまも見事な伽藍配置の礎石が残されている。

この檜前の地から、記紀によって第二八代とされる宣化天皇（大王）がでている。彼は百済を救った人物と言われている。

奈良県飛鳥の檜隈、百済一族を祀る於美阿志神社、神社の奥に檜隈寺跡がある

そして時代は下って、平安初期に活躍した武将、坂上刈田麻呂、その子の坂上田村麻呂は征夷大将軍として、いまの岩手県を拓き、京都の東山に清水寺を創建した。彼ら親子も檜前出身の東漢氏である。

奈良の北西部、北葛城郡広陵（こうりょう）町、この一帯は旧百済村であった。葛城川と曾我川のちょうど中間に位置し、『日本書記』に記述された、百済大井宮、百済大寺、百済宮、百済川の所在地だった。いまも百済寺の三重の塔（鎌倉時代に再建、国重要文化財）が残されている。

ここは蘇我氏と百済氏族の二〇〇〇年以上にわたる集積地で、宗我坐宗我都比古（そがのそがつひこ）神社もある。

物部氏は仏教受容の問題以後、蘇我

氏との対立が激しくなり、ついに五八七年、物部守屋は権勢を振るった蘇我馬子によって滅ぼされた。ちなみに馬子については、二〇〇四年三月十二日（金）の朝日新聞に「〝明日香に蘇我馬子邸跡か〟核心部を島庄遺跡で掘り当てた」と記事になった。

九州、瀬戸内海、難波津、朝鮮半島多島海を舞台に活躍した海人族も、物部氏の崩壊によって、その勢力は半減した。

百済渡来集団である蘇我氏は、馬子の時代になると政治を優先し、大和の勢力を列島全体へと拡大させようとしたが、列島内における新羅系の反発や、蝦夷、海人族など他氏の抵抗も強力になり、やがて大化改新（六四五年夏）によって、中大兄（なかのおおえ）（のちに天智天皇と記紀に伝えられる人物）や藤原鎌足ら改新派により滅ぼされた。

三　創造力のなかに生きた天皇

結局のところ、大化改新（六四五）は、血統集団である氏族の戦いであった。その頃の列島は未だ日本（ヤマト、ヒノモト、ニホン）という国名もなく、天皇も存在しなかった。天皇という諱（いみな）は、七一二（和銅五）年成立とされる『古事記』や、七二〇（養老四）年成立とされる『日本書紀』によって公的に表明される。

とはいえ、日本の歴史は、天皇を神聖化し、権威化することで日常生活が成立してきた。天皇を外して日本史を捉えることは大変無謀だという考え方が優先してきた。果たしてそうなのかどうか、もう一度考え直す時代がきている。

七世紀後半までにできた古墳には、日本人は誰一人として埋葬されていない。当然、神社の御祭神にも日本人は祀られていない。日本という国号と天皇号がワンセットになって提出されるのは、天武時代一〇（六八一）年に編纂が始まった「飛鳥浄御原令」が最初である。

けれども天武（大海人）を実質的な初代天皇と位置付けることには無理がある。天皇とは宇宙の最高神であるという権威を象徴するものだ。では天皇という美名なる称号はいつ、誰に冠せられたのだろうか。

ここで「壬申の乱」（六七二）について考えてみたい。

一般的に天武は第四〇代天皇とされ、舒明天皇の皇子で、母の皇后も、のちに皇極天皇となった。天智天皇の同母弟とされ、諱を大海人皇子という。そして天武の子は、草壁、大津、高市、舎人とされる。

六六八（天智元）年、兄・天智が即位。天智の子・大友皇子が成人してくると、皇嗣問題が浮上し、大海人は大友と対立。大海人は吉野に隠棲して籠り、一度は政治から身を退いたとされている。

ちょうどその頃、百済王の子孫で、学者だった鬼室集斯は、天智から学識頭を命じられた。いまでいえば文部大臣である。彼は近江蒲生郡に居住し、知識人を集め教導に専念した。

百済末期の武将で、六六〇年、唐と新羅の大連合軍に対抗したのが鬼室福信だが、鬼室集斯はその一族と考えられている。

琵琶湖周辺には朝鮮渡来文化が幾層にも重複していて、伽耶、新羅、百済、高句麗文化の縮図となり、そのまま風化せず残されている。西の比叡、比良連峰や、北の伊吹山、霊仙山、東の鈴鹿山系、南の信楽山地などに、ゆったりと囲まれた琵琶湖と、その盆地には二五〇〇基以上の大小さまざまな古墳があるが、学術的に伽耶式古墳、百済式古墳、新羅式古墳が多いとされている。

六七一年末、首長であった天智は、近江大津宮に崩じる。

天武（大海人）は、太政大臣となっていた天智の子、大友を撃滅させんと吉野から軍を立て、美濃国司紀臣阿閉麻呂（きのおみあへまろ）を総大将に、東国の兵を総動員し、近江大津宮へと攻め入った。

大友は自害したと云々されるが、その真相は不明だ。これがいわゆる「壬申の乱」である。

六七三年、天武は飛鳥浄御原宮で、君主形態をつくるべく、天智の次女である鸕野讃良皇女（うののさららひめのみこ）を妻に迎え、人心を鎮めた。以後、君主としての安定強化に力を入れ、律令制支配の完成をめざした。生前の天智は、百済からの先鋭的な学問を、鬼室集斯から授けられていたため、天武はその考えを継承して、律令制の充実に努めた。その一例として、官人の任官と昇進規定を法令化し、そして上級官人を輩出するため豪族らの官僚化に努めた。六八四年には八色の姓（やくさのかばね）の制度をつくり、親王、諸王に一二階、諸臣に四八階の位階制を設けた。そのとき天武は未だ天皇ではなく君主という政治的実力者という身分であった。

つまり天武の天才的頭脳は、八色の姓を制定、律令を制定し、妻である鸕野、またはわが子・草壁を天皇にして、日本国をつくり、列島全体を百済、高句麗、新羅という朝鮮三国や伽耶から昇華させることで、新しい一族の支配体制を構築させようとしたのだった。

六八一年から律令と史書の編纂が始められるが、それは君主形態をいかにうまく生みだすか、という一大事業だった。

天武の支配体制は徐々に歩を進めたが、六八六年、天武は死に至る。それから四年後の六九〇年、ついに鸕野讃良皇女は君主となって、持統天皇を名乗ることになる。草壁は六八九年、弱冠二十七歳で亡くなっている。

律令は六八九年、草壁が亡くなった年に完成し「浄御原令」となって宮司らに配られている。さらに「大宝律令」が七〇一（大宝元）年にでき上がる。

草壁の没後、実質的な初代天皇と考えられる持統は、天武の命を受け史書を編纂するが、それも陽の目を見ることなく、七〇二年、五十七歳で死去する。

草壁の第一王子であった文武は、六九七年に僅か十四歳で文武天皇となっている。持統は天皇を退いた後も文武を庇い、死の間際まで天主（太上天皇）の座に君臨した。

七一二年から七二〇年にかけ『古事記』と『日本書紀』が完成する。とはいえ、『記』『紀』はどちらが先にでき上がったのか、その内実は不明だ。

天武の死や、持統天皇の死によって、『記』『紀』の編纂は一時は中断を余儀なくされるのだが、それにしても六八一年から三十数年間と、なぜそんな長い時間をかけたのだろうか。

それは、天皇を頂点とする中央集権的支配体制を徹底し、血脈を通し、一族継承の系譜を確立することを強く意図したからであろう。そのため『古事記』の編者代表となった朝臣太安万侶（おおのやすまろ）は、神代の伊邪那岐命と伊邪那美命から渡来系豪族らを羅列させ、推古天皇までを綴り上げた。

『日本書紀』は巻第一の神代から、巻第三〇の持統天皇まで、史実と演出を綯（な）い交ぜにして構成されている。天武陵は大和国高市郡（奈良県明日香村野口字王墓）にあって、檜隈（ひのくま）大内陵と呼称している。

この地は百済が人中心だった場である。
井上秀雄は『新羅と日本』(紀書房)の冒頭に記している。

日本の古代史は、古代史の基礎文献としてきた記紀の史実としての信頼性について種々に意見がわかれている。『日本書紀』を例にとれば、最初の神代の巻や第二代から第九代までの欠史八代の記事など、編者もそれを史実とは考えていなかったように思われる。そのため第十代崇神天皇を「御肇国天皇」(ハックニシラススメラミコト)といったりしている。また、西暦四から五世紀の記事は、百済の書物を基準にしてつくられている。そのため、記事の年代や内容まで大きくかえられた可能性がある。それどころか、七世紀の日本は、六八一年から律令と史書の編纂が始められるが、それは君主形態をいかにうまく生みだすか、という一大事業だった。我が国の歴史、信仰、学術、文化は、その源流を辿ればかならず朝鮮三国に直結し、天皇家は百済に根をもっている。その歴史を支えてきた聖徳太子の活動や大化改新さえも、虚構だとする説も次第に有力になってきている。
なぜこのように、古代史は混乱しているのであろうか。それは、日本古代史を日本の中でだけで追求してきたためではなかろうか。この点を克服するためには、日本史をアジア史や世界史のなかにおいて、見直すことが必要であろう。

つまり、井上秀雄によると『日本書紀』は百済の書物を下敷きにしてつくられていると記しているのだが、その問題を考えてみたい。

韓国・「斯麻王」と記した古墳が発見（1971年）。百済第25代の武寧王とその王妃の合葬墓。その内部蓮華紋様が刻まれた塼と正面奥の龕を撮影するスタッフ。

四　天皇は百済に直結する

日本の歴史を正しく理解するためには、中国の『漢書』や韓国の古文献をできるだけ繙くことだろう。その上で、東アジア全体の、風土や人びとの生活を見聞し、常識というものをいったん外し、地平を眺め、海峡を通して、列島のありかたを考察してみると、いろいろ見えてくる。

つまり天武（大海人）は、百済に精通し、百済の知恵を借りた、百済の血脈に繫がる人物であった。

我が国の歴史、信仰、学術、文化は、その源流を辿ればかならず朝鮮三国に直結し、天皇家は百済に源をもつことがわかるのだ。

六六〇年、どうして百済が新羅と唐

の連合軍によって滅びたか、その理由は簡単だ。

百済の主流派が、ことごとく祖国を留守にし、列島で、新生する日本という国づくりを急いだためだろう。『記』『紀』両書に大和の文字はひとつとしてでてこない。『日本書紀』では野麻登（やまと）、夜麻苔（やまと）、椰磨等（やまと）などがでてくるのだが……。

第三章　韓国古典舞踊と広大(クワンデ)・白丁(ペクチョン)

一　散楽と広大

古代中国では芸能のひとつとして散楽(さんがく)が発達した時代があった。散楽は舞楽(ぶがく)の総称となり、たいへん民衆に親しまれた。唐時代になると舞楽だけでなく物真似、奇術、軽業や滑稽物などが音楽伴奏をつけて演じられようになり、それらすべてを散楽と呼称した。

この散楽は奈良時代になって中国からいきなり日本へと輸入された――と云々する日本の記述が多く、それが田楽などに伝存された――と一般的には知られている。だが果たしてそうなのか。散楽は中国から直接日本列島へと持ち込まれたわけではない。漢代の散楽図には楽器演奏をはじめとして、逆立ち姿の綱渡り、剣を投げる剣舞の男子図、太鼓を打ち鳴らす舞人図などが具体的に描かれている。

このような散楽百戯は当然のごとく朝鮮半島へと伝播した。『三国遺事(さんごくいじ)』巻第四には、元暁(ワウンピョ)（六一七―六八六）という破戒僧は遊芸人であった広大(クワンデ)に出会い、彼らが使用していた大瓠(ひさご)をもらって遊具をつくり、これを持って多くの村々を巡り、歌いかつ踊って民衆を教化した、と記されている。

広大とは「仮面」または「芸人」と同義語で、仮面劇、曲芸、人形劇、歌舞などを演じる芸人たち

中国·上海崇明島「扁担木偶戯」で行脚する朱文学と息子達（映画「恨・芸能曼陀羅」より）

の蔑称である。散楽は中国から古代朝鮮に流れ込む。その散楽を受け継いだのが、漂泊の芸能集団である広大であった。

彼らは高句麗を中心に放浪し、人びとの魂に迫る芸の世界を構築してゆく。その後、広大は、新羅、百済へと分散し漂泊の旅を続けるが、唐、新羅の連合軍によって六六〇年前後、百済が破滅的な状況になったときでさえ、広大だけは滅びることはなかったと伝えられる。

時代は下り、高麗時代になると散楽は広大だけでなく、山台雑劇、山台都監系の劇などに伝存される。朝鮮朝では儺礼雑戯にも散楽が伝承される。

また高麗時代の中葉から後期にかけては、広大という俳優芸人名のほかに「楊水尺（ヤンスーチョク）」「水尺（スーチョク）」「禾尺（ファチョク）」という雑芸者の記述が、『鶏林遺事』や『雅言覚非』などにみられる。

『高麗史（コウリョウサ）』（列伝、巻四二、崔忠献伝）には、「楊水尺はもともと貫籍と賦役がなく、好んで水草を逐うて移住し、ただ狩猟をよくし、柳器を編んで、売って生活の資とする。およそ妓種はもともと柳器匠家から出ている」と記される。

「楊水尺」「禾尺」は朝鮮朝になると「白丁（ペクチョン）」と呼称され、白丁は芸能の傍ら牛や豚を屠殺することを生業（なりわい）としたため、近年まで差別構造のなかに閉じ込められていた。

一九九四年六月「恨（ハン）・芸能曼陀羅」という長編記録映画をつくるため、私たちスタッフ一行は韓国へとロケに向かったが、撮影した男社堂（ナムサダン）（男寺党）ノリには散楽百戯が残存していることが明確に確認できた。それは農楽、皿まわし、とんぼ返り、綱渡り、仮面戯、人形劇といった六つの出し物に象徴される。

パンソリは韓国の流浪賤民である広大の流れをひく職業芸人のことだが、これはひとつの物語に節をつけて朗々と語るように歌うところから唱劇、劇歌とも呼称されている。

パンとは舞台のことをさし、ソリは曲や唱のことで、パンとソリが一体化した合成語である。鼓手の伴奏で歌と舞によって構成・演出された独演の劇空間が特色で、朝鮮朝では八賤民（私奴婢・僧侶・白丁・巫堂・広大・喪人輿軍・妓生・工匠）のひとつ広大として数えられた。

全羅道（湖南）地方の世襲巫であるタンゴル家系の男子からは数多くのパンソリ名人が輩出しているが、特に地方出身のどさ回りのパンソリ芸人たちは八賤民にも数えられない最下層に位置付けられていた。

私は一九九三年、九四年と二度にわたって全羅南北道へと赴き、春香歌（チュンヒャング）、興甫歌（フンブグ）、沈清歌（シムチョング）、水宮歌（スーグング）などを見聞したが、パンソリのもつ野趣豊かなおおらかさ、ダイナミズム、悲哀の情念といったものを肌で感じた。総勢二〇名以上のパンソリに接したと思う。

各パンソリ広大にも流派があって、全羅北道の東便制（トンピョンジェ）、全羅南道の西便制（ソピョンジェ）、京畿道・忠清道の中高制（チュンゴジェ）と区別されている。かつてパンソリ広大は男たちだけのものであったが、いまではパンソリ人口の三分の二が女性演者となっている。このパンソリも古くは散楽の流れを汲むものと考察しなければなるまい。

現在のパンソリは全羅北道高敞（コチャン）の申在孝（シンジェヒョ）が、十九世紀中葉に流浪芸人たちの口碑伝承を劇本に整理し、門下生を指導することで確立したと云々されている。高敞に申在孝先生の現存する家屋も訪ね、そこでもパンソリを堪能した。パンソリは日本の説経節（これは仏教の説経から発し、声明（しょうみょう）から出たものだが）とどこか通じる部分があり、浪曲にも似通うと考えられる。

次に日本における「雅楽」の歴史について考えてみたい。雅楽は五世紀から八世紀にかけ中国や朝鮮から伝来した音楽で、『日本書紀』には允恭（いんぎょう）天皇崩御の頃、新羅の楽人が多数参列したと記され、また六一二（推古二十）年には、百済の味摩之（みまし）が渡来し、大和桜井に居住し、少年らを集めて伎楽を教えたと記述される。

高麗楽は笙（ふえ）や、琵琶、箏（こと）を使用するもので奈良時代に渡来。同時代に莫目（まくも）、横笛を用いる百済楽も伝えられ、新羅楽は新羅琴や笛を用い、舞を伴ったものとして列島へと伝播し、やがて高麗楽に編入される。高句麗、百済、新羅の音楽は三韓楽と呼称され、六八三（天武十二）年には宮廷で奏されている。

韓国・全羅北道高敞・城門の上でパンソリを演じる鄭明子さんと鼓手

韓国・全羅北道全州の宴会場で演じられるパンソリ

韓国・伝統舞踊の人間国宝、故・金千興氏、
92歳。東京草月会館ホールにての舞台稽古

その後、度羅楽(とらがく)、渤海楽(ぼっかいがく)も渡来している。古代朝鮮では三国時代より中国の音楽をさかんに摂取し、特に高句麗は北方民族と隣接しているためその影響を大きく受けている。

朝鮮の雅楽は正楽とも称し、俗楽、宴楽、軍楽を加えた李王家に伝わる宮廷音楽全体をさしている。俗楽、宴楽、軍楽が加えられた正楽、つまり李王家の宮廷音楽のなかから、宮中舞踊や儀式舞踊が誕生した。その他に仏教やシャーマニズムの影響を受けた民俗舞踊がある。

韓国を代表する伝統舞踊と伝統音楽の人間国宝・金千興(キムチョンフン)先生は、李朝皇帝の前で踊った最後の人で、彼の演じる奚琴(アジェン)と佾舞(イルム)に対し、重要無形文化財第一号が贈られ、處容舞(チョヨンム)では同じく三九号が贈られている。金千興先生を紹介して下さったのは、前韓国文化院院長だった金光植(キムガンシュク)貴下であった。

私たち映像ハヌルのスタッフは、金千興先生を何とか日本へ招聘し、先生の神技とされる舞踊や音楽を大観衆の前で披露していただきたいと考えた。

一九九三年十月二十三、四日の学習院大学東洋文化研究所アジア文化研究プロジェクトにおける講演とフォーラムの実演者として、お弟子さんたちと共に来日していただきたいと企画した。ところが当時の先生は九十二歳という高齢だった。

少々心配が募ったが、ハヌルのプロデューサである李義則、萱沼紀子らと共に三人で六月にソウルへと飛んだ。しかし、韓国の宮中古典芸能というものに接したことはなく、今日の日本の状況下でその舞踊を披露することに、多くの不安が胸をよぎった。

金千興先生にまずご拝眉いただいたのは、ソウルの国立国楽堂であった。その立派な殿堂から、韓国の文化や芸能に対する力の入れようがひしひしと伝わり驚嘆した。

金英淑（キムヨンシュク）氏、印南順（イムナンス）氏ら数名のお弟子さんたちも同席したが、金千興先生は始終穏やかでニコニコと笑みをこぼし寛容だった。

咄嗟に私はその笑顔に吸い込まれるように、過去における日本の非を詫びた。

本来なら楽士と共に三十数名が来日しなければ本格的な宮廷舞踊や儀式舞踊、そして民俗舞踊は公演できないが、音楽は録音テープに委ねることにして、レパートリーを決めていただいた。

宮中舞踊は祭礼のための佾舞（イルム）と、宴礼のための呈才（チョンジェ）に分かれる。呈才には唐楽呈才と郷楽呈才があり変化に富んでいる。宮中舞踊には五〇以上のレパートリーがあるが、それは高麗朝から李朝末までに完成したものだそうだ。日本の統治植民地時代にはそのレパートリーも激減したらしい。

二　春鶯囀を舞う

学習院大学では宮中舞踊である「春鶯囀（チェンエンジョン）」を金千興先生にお願いした。この舞踊は、朝鮮王朝の純祖王のとき、孝明太子がつくったとされる舞で、衣装は鶯色の礼服を着て、赤色の帯を締め、五色の汗衫（カンサン）に、さらに長い袖をつけ足す。頭には五色で飾った花冠を載せる。一枚の花茣蓙（ござ）の上でのみ踊られる優美であでやかな舞踊として知られている。

そして六名のお弟子さんたちには「佾舞」をお願いした。本来、佾舞は中国伝来の群舞で、六列六行三六人で舞う「六佾の舞」と、八列八行で舞う「八佾の舞」がある。これを六人で行なってもらうことにした。

一行一〇名が来日を承諾してくれたが、学習院大学東洋文化研究所アジア文化研究プロジェクトだけでは費用のすべてをまかなえないため、映像ハヌルが主催し、韓国文化院が後援してくれることで、草月会館で一日一回のみの興業を行なうことにした。

草月では「佾舞」、「春鶯囀」の他、宮中舞踊「剣舞（コンム）」、同じく「鶴舞（ハクム）」、民俗舞踊「僧舞（スンム）」、宮中舞踊「舞山香（ムサンヒャン）」、宮中音楽「千年萬歳（チョンニョンマンセ）」、民俗舞踊「サルプリ」、宮中舞踊「處容舞（チョヨンム）」が行なわれることになった。

散楽を頂点とする古代朝鮮の芸能は、広大から楊水尺、禾尺、白丁、才人、そして農楽、男寺堂、パンソリへと受け継がれ、漂泊の芸能集団や放浪の芸人による民衆文化・庶民芸術として確立する。

一方、正楽は王家によって支えられた宮廷音楽の地位を不動のものとし、その流れのなかから宮中舞踊、儀式舞踊、民俗舞踊が誕生する。それらの芸能には、生活や様式に根ざした美意識が充満する時代背景に裏打ちされ、より人間的な自立へと立ち上がってゆく旺盛な心情が介在したと考えられる。民衆芸能と宮廷芸能のふたつが共存し、刺激し合って今日までの韓国の芸能を育ててきたのだろう。

しかしこれらふたつの芸能は、日本の弾圧と文化狩りによって、決定的に一旦はぶちのめされている。その弾圧や苦難を乗り越え、ふたつの芸能は過去の形式とときめきを再生させるべく、エネルギッシュに知的に挑戦している。韓国政府も旺盛にそれを支援している。

一九九三年十月二十九日、午後六時、東京草月ホールには溢れんばかりの観客が詰めかけた。「韓国人間国宝　金千興古典舞踊」公演当日である。

「春鶯囀」を優雅に、幽玄に舞う金千興先生の舞踊は、どこか能舞台を連想させる。動きを抑制し、魂に火がついているのに爆発させまいと祈るような鎮魂の舞である。その所作は古代の神祇思想からくる原始巫呪の要素を底流に秘めている。この舞踊を観客はどう理解するだろうか。

血の滲むような鍛錬と、高度な技術を身につけた者だけがそのような緊張を持続できるのだろうか。狂気に満ちた怨念を、魂の底に秘めているのだ。それは民俗舞踊である「僧舞」にもその所作繰りが垣間見えた。

終了後楽屋に入った私は、「先生の舞いは優雅だけれどコワイ……」と語った。金千興先生は日本語を聴きとることができる。先生はいつものにこやかさで、ぼそり「そうですか……」と口を開いた。

舞踊の世界は情念と神秘が渦巻いている。特に芸術的な領域では、舞踊を通じて神憑的な巫儀が実感できる。古代の大王や首領たちはシャーマンであり、舞踊を極めることで入神し、人びとの心を掌握した。宇宙へと羽撃く術を身につけたのだ。それは躍動する生命の美であると同時に、人びとを惑わす術でもあった。ヒミコの鬼道はその事実を物語る。

三　日本列島は袋小路文化圏

貴族社会から生まれ出た雅楽とそこから派生した宮廷舞踊。賤民社会から生まれた散楽とそこから派生した放浪芸。このふたつは共に日本列島へと伝播し大いなる影響を与えた。

雅楽の世界は云々するには及ばないが、散楽は、我が国の田楽や猿楽などに伝存される。田楽は民衆の農耕儀礼に伴う芸能だが、歌舞だけでなく、曲芸なども活発だった。各地に残された里神楽、豊年祭、鹿踊、獅子舞などはその系譜に入る。

広大、楊水尺、禾尺、白丁という賤視され続けた民衆芸能も確実に、列島へと渡来している。私はいまそのテーマで記録映画「恨(ハン)・芸能曼陀羅」を製作中だが、この映画で言いたいことは、神々や祭事や、文化だけが朝鮮半島から渡来したわけではなく、律令制や差別構造までが渡来していることを、明確にしたいと考える。いずれ機会があれば作品に接していただきたいと思う。

つまるところ日本列島は、東アジア全体の文化と習俗を受容した袋小路の行き止まりの文化圏だと言えるだろう。

日本列島は縦長の島国であるため、北と南では風土にも異質さと大きな差異変化が生じている。獅子舞ひとつを取り上げても、各地の形式や表情に大いなる違いが実感できる。それらを把握し究明することで、日本文化の成立をじっくりと見据えねばならないだろう。

第四章　風土から捉えた日本の祭り

一　神社成立の背景

日本列島の黎明期は、対馬海流や黒潮の流れを利用して船で渡来した人びとの集団移動によって始まった。それは弥生期頃と考えられる。日本は海に囲まれた島国である。（財）日本気象協会の資料によると、鹿児島県から北海道の稚内に至るすべての日本海海岸に、韓国からの漂着物が確認され、太平洋岸には黒潮に乗って漂着した熱帯起源の果実と種子が、やはり鹿児島から茨城県まで広く漂着している。これは近年のデータだが、むかしもいまも変化はない。日本の海岸線には人びとが渡来し、また物資が漂着して、とりあえずその土地に生活の場が拓かれ、やがて祖先神を祀る信仰の場が形成された。

外来神、漂着神などの訪れる神々、例えば西宮えびす神社、海神社、住吉大社、熊野三山に代表される熊野大社などは、海を渡ってやってきた「海人族（あまぞく）」系の神社だろう。住吉大社は朝鮮を攻めたとされる底筒男神（そこつつのおのかみ）、中筒男神（なかつつのおのかみ）、表筒男神（うわつつのおのかみ）の三筒男命（みつつのおのみこと）や神功皇后を祀るのだが、これらのご祭神は架空の説話上の人物たちで、のちの時代にでっち上げられたものだ。

また天武天皇が創建したとされる伊勢神宮も海人族系である。伊勢は「丹」つまり水銀が収穫できる宝庫で、神路山を拓き、その麓に内宮を鎮座させた。五十鈴川はその神域をやさしく包み込むように滔々と流れ、いまもそこは鹿の群れや小動物が棲息する一大楽園となっている。そのとてつもなく広大な自然を朝鮮に由来する地名で「高麗広」と呼び、地図にも地名が掲載されている。そこに二〇〇一年の夏、そしてその後も二度調査に入った。

つまり列島の文化は、まず海岸線上に「マレビト（来訪神）」文化圏が広がり、それがやがて農耕を広げていくことで、元来その場にあった土着・土俗神を融合しつつ内陸へと進行し、神社信仰もその波紋を広げて行ったのだろう。それは二、三世紀頃のことで、神社は古墳が形成される同時期に萌芽をみたと私は考えている。

また、日本海側では石川県羽咋の気多大社や福井県の気比神宮、島根県の出雲大社などは、三韓時代または三国時代に朝鮮南部から渡来した集団とその祖先神を祀っているのだろう。

『記』『紀』はウソとホントとが綯い交ぜになっていて、『古事記』には古代を解く鍵が隠されていて興味深い。スサノオが高天原で乱暴をはたらき、地上へと追放される。出雲でスサノオは腹が減ったため、オオゲツヒメに食料を求める。オオゲツヒメは口、鼻、尻からいろいろなものを出し、それを調理してスサノオに与える。それを見たスサノオは穢れたものをくれたと憤慨し、オオゲツヒメを殺す。オオゲツヒメの死体の頭には蚕、両眼には稲、耳には粟、鼻には小豆、陰部には麦、尻には大豆が実る。カミムスビミオヤノミコトはこれらをすべて収穫し、種子とした、と記されている。

この神話にはケガレと種子の世界が物語り風に描かれているのだが、スサノオは朝鮮三国のひとつ新羅に降臨した鉄族の長とされる神で、その神が国名さえもたない列島にやってきて出雲に流れ着き、母体となる荒れ果てた土地を開拓し、その巨大なケガレた土地にさまざまな種を蒔き、種子が獲れたことを、『古事記』は語っているのだ。

『古事記』は八世紀初頭、天武天皇の命により太安万侶が和銅五（七一二）年に撰録したものだが、そこに描かれた神話は何世紀のことだろうか……。

古代、出雲大社のご本殿とされる建造物は、五〇メートル前後の高さを誇ったとされるが、近年その遺構が発掘され、土台となる大木を発見。ご本殿の高さが六、七〇メートルと確認された。

出雲大社へはいままでに六、七回取材撮影に入ったが、そのご近所に居住する古老たちが現在の本殿裏にあたる海岸線を調査すればと助言してくれた。何故かと尋ねると、古代には大型船が入る港があったと言い伝えられ、その場には六、七〇メートルの高さの、油で炎を燃焼させる巨大な木組みの灯台があったのだ！　と目を輝かせ強調する。そうだとすると、出雲には渡来船団を迎える港があり、やがてその灯台が神社の御本殿になったのだろうか。元来、出雲には土着民も居住していたが、その人びとも古い時代の漂着者と考えられるかもしれない。特に日本海岸側の村落には、むかしもいまも海からやってきた人びとを排除する思考がないのだ。

神社成立の意味来歴にはウソや欺瞞が多いのだが、それは時の権力者たちが人心を摑むため、神社をうまく利用したからだろう。神社には精霊崇拝、つまりアニミズムや霊魂観があり、巨大な神社は東南アジアのマレビト（来訪神）を祀っている。だから日本列島の古代文化は国際色豊かで、混血で成立したものだ。純粋な日本人はいないわけで、日本人としての祖先神はどこの神社にも祀られていない。それが時代が移行していく過程で、やがて日本の神々となるのだ。神社を凝視してじっくり日本文化を直視すれば、日本史のウソが手に取るようにわかる。

ここで長野県の諏訪大社（上社、下社）を例に、神社が混淆し巨大化していく過程を、祭事を通して考えてみたい。諏訪大社といえば誰もが知る七年に一度の「御柱（おんばしら）祭り」が有名。私は過去三回、その祭りを取材撮影した。その折り、大変不思議に思ったことがある。御柱のご神木を決定するとき、そのご神体とされる薙鎌（なぎがま）を打ちつける。この薙鎌は鉄でできた薄い板状の鳥形で、大きさは一五センチ前後、眼とクチバシがあり、背には小鳥の羽のようにギザギザが入っている。私は何度となく諏訪に通い、神社の資料館でむかし使用された錆びて朽ち果てたような薙鎌を見た折り、これは韓国の鳥竿（ソッテ）と同じ役割を果たしているのではないか、と考えた。

この薙鎌は諏訪大社の宮司が山に登り正装で大木に木槌で打ち込むが、御柱祭りは長野県各地にも数多く広がっているので、宮司だけとはかぎらないが、薙鎌を打ち込む人物はその土地の長が担当するらしい。

長野県諏訪地方は、縄文・弥生（北限）を通して遺跡が多く、黒曜石の鋭利な刃物や馬具類の鉄などが、牧という地名をもつ土地から出土している。長野県は当時の豊かな暮らしを彷彿させる数多くの遺物が出土している土地柄で、そこには当然、土着の生活形態があったのだろう。諏訪大社ができる以前、当地にはミシャグチという諏訪地方独自の土俗信仰があり、その社や祠が各地に数多くあった。それは神話の時代から連綿と続くという。

長野県諏訪大社の御柱祭り。下社、春宮一之柱の山からの木落とし（『マージナル』8号、1992年より）

生け贄の兎（神長官守矢史料館・『渡来の祭り　渡来の芸能』より）

二〇〇二年一月四日、私は山や樹木や笹の葉や石などに宿る精霊ミシャグチ神とはどういうものか、その正体に迫りたく思い諏訪を訪ねた。ミシャグチ神とは、言ってみれば諏訪、伊那など信州一帯の土着宗教である。ミシャグチ上げ、ミシャグチ降ろしなど特殊な秘儀があり、その秘儀、秘法、祈禱などを一子相伝の口伝によって神長守矢（じんちょうもりや）家が継承してきた。神長は御代の時代からミシャグチ祭祀権をもち、神長官守矢家は現在七八代目を守矢早苗氏が継承している。氏はいま千葉県に居住され、東京都内の小学校長をされている。その氏の実家が長野県茅野市宮川高部の諏訪神社上社前宮と本宮の中間に位置し、神長官守矢家の屋敷になっている。

　屋敷の脇にミシャグチ社総本社があり、そこには「佐奈伎の鈴」と「鉄鈴」と「陰陽石」の三種の神器が祀られている。同じ場に古墳があり、文化財となっている守矢家の祈禱殿があり、また近年になって、茅

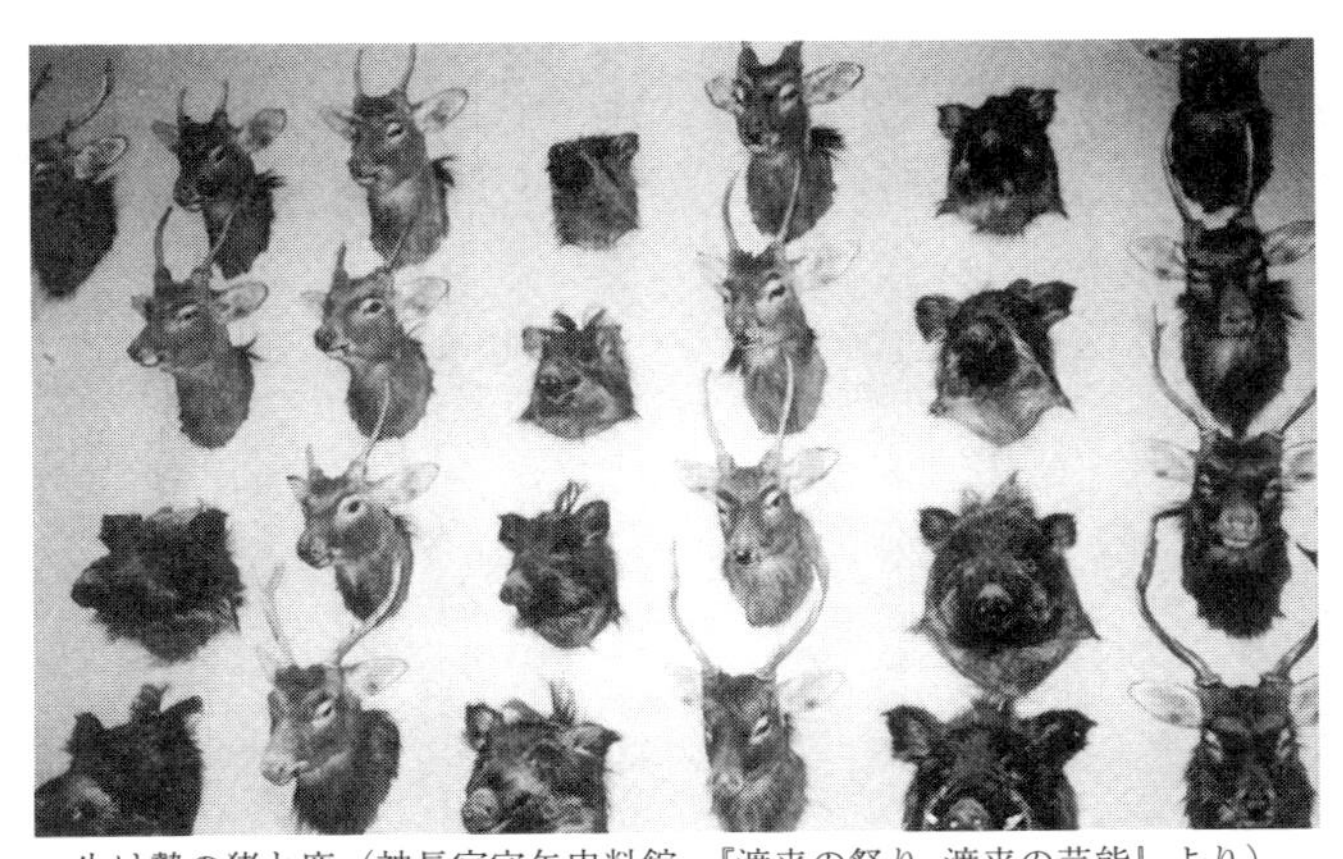
生け贄の猪と鹿（神長官守矢史料館・『渡来の祭り 渡来の芸能』より）

野市神長官守矢史料館が増築された。その史料館も異色な建物で、守矢の伝統文化と茅野の風土に溶け合った佇まいだった。展示物として二十数頭の鹿の首や兎など、諏訪大社上社の神秘の祭事とされる「御頭祭（おんとうさい）（酉の祭り）」で生け贄（にえ）にされた供物、動物の贄が土壁いっぱいに飾られている。それはハッと驚くように復元されていた。

諏訪神社には御狩（みかり）神事や御射山（みさやま）神事など、特殊な神事が多く、特に御頭祭は注目されている。かつて御頭祭は夏の終りに、秋に向けての豊饒を祈願する大祭で、生け捕りにした鹿や兎を贄として神に捧げる殺生祭（せっしょうさい）であった。まな板の上に載せられた鹿の生首は七五頭あったと、菅江真澄は一七八四年に諏訪を訪ね、祭りを調べ、スケッチ画を残している。古代から中世にかけての供儀（くぎ）には穢れの観念はなく、獣を食する直会（なおらい）は神と人間が交歓して一体化するという共食を意味した。

史料館で販売されている栞（しおり）に守矢早苗氏はこのように記している。

諏訪盆地には『古事記』に書かれた出雲国譲神話とは別にもう一つの国譲神話が言い伝えられています。そのことは室町時代初期に編まれました『諏訪大明神画詞（えことば）』などに記されています。

それによりますと、大和朝廷による日本統一以前の話になりますが、出雲系の稲作民族を率いた建御名方命（たけみなかたのみこと）がこの盆地に侵入しましたとき、この地に以前から暮らしていた洩矢神（もれや）を長とする先住民族が、天竜川河口に陣取って迎え撃ちました。建御名方命は手に藤の蔓を、洩矢神は手に鉄の輪を掲げて戦い、結局、洩矢神は負けてしまいました。そのときの両方の陣地の跡には今の藤島明神（岡谷市三沢）と洩矢明神（同市川岸区橋原）が、天竜川を挟んで対岸にまつられており、藤島明神の藤の木はそのときの藤蔓が根付いたものといいますし、洩矢大明神の祠は、現在、守矢家の氏神さまの祠ということになっています。

結局、出雲系の建御名方命の子孫である諏訪氏が、大祝（おおほうり）という諏訪大社の生神の位に就き、土着神信仰の洩矢神の子孫である守矢氏が神長という、諏訪の祭司権を掌握する筆頭神官になったわけである。中世の頃にはモリヤをモレヤと呼称したらしいが、「モレ」とはアイヌ語で「静める」「鎮める」という意味があり、守矢家もアイヌや蝦夷の影響があったのかもしれない。

私は、朝鮮半島の新しい文化をもつ出雲系の渡来集団が、旧渡来集団であるタケミナカタ集団を出雲の地から追放した。その追放されたタケミナカタ集団が、さらに諏訪地方へと伊那を経由して入り、タケミナカタが諏訪の主神となり、モレヤ一族が服従し融合することでクニを円滑に治めた、と考えている。そのことを裏付けるのは、タケミナカタの祖霊はヘビ（竜）で、モレヤが祀る神、ミシャグチ神はカエルだという。上社ではいまも元旦に蛙（かわず）狩りという、この地ならではの奇祭が行なわれることで有名だ。

タケミナカタが朝鮮渡来系だとすれば、モレヤ一族は何系なのだろうか。私は、モレヤ一族に代々継承されてきた「サナギ鈴」に注目している。守矢のミシャグチ神の三種の神器のひとつになっている「佐奈伎鈴」だ。これを三十年前上社で見せていただいたが、薄い鉄板をこけし人形の衣裳のように丸めたもので、内部に鉄の舌を吊している。これは朝鮮半島の伽耶や百済で出土した、韓国の小銅鐸と同形である。

後世になってから、その佐奈伎鈴もたくさんつくられるようになったが、上社のものが一番古いとされている。想像を逞しくすれば、弥生期から三、四世紀頃の古墳時代初期にかけて、古く移住した朝鮮渡来系鉄族の一派がモレヤではないかと考えている。そのモレヤ、モリヤはアイヌの影響を受けていたと推察できる。

なぜなら、諏訪大社に絡む「薙鎌」「佐奈伎鈴」「御柱祭の神斧」などは、古代から連綿と継承されてきた鉄の至宝だからだ。征夷大将軍となり、蝦夷征討を行ない、現在の岩手県を拓いたとされている平安初期の武将、坂上田村麻呂は百済系渡来人の家系だが、戦勝祈願のため諏訪大社を参拝している。社は農耕の神、武神として崇敬を集めてきた。諏訪地方と出雲地方の歴史と文化が溶け合って合体した、ひとつの典型が諏訪大社であろう。その場は縄文と弥生文化が結合した交錯点でもある。

淡路、阿波、吉備、紀伊は海人部（あまべ）（海部）のふるさとである。そのなかでも伊勢の海人部に関する伊勢神宮の神嘗祭（かんなめさい）について考えてみたい。この祭事は陰暦九月十五日夜に外宮で、十六日の深夜から内宮で行なわれる。新穀を内宮と外宮に供える厳粛な行事で、その進行のなかに贄海（にえうみ）神事がある。海人部の人びとが御贄を捕り、その鰒（あわび）、鯛（たい）、鰕（えび）などの生魚、そして高麗広で捕獲した野鳥や水鳥などに厳粛な儀式包丁が入れられる夕御饌（ゆうみけ）の儀や、翌日の早朝には朝御饌（あさみけ）の儀があり、直会（なおらい）が行なわれる。

また伊勢神宮では陰暦六月と十二月の十六、七日の二日間、「由貴（ゆき）の御饌」という祭りがあり、贄海（にえうみ）神事が海人部によって行なわれた。その折り、捕獲された魚介類や野鳥などのご神饌や、祭りを進行させる神官などが穢れの有無を占う御占神事が行なわれた。しかし、いまはその神事も中断されている。

古来、贄の神事は各地に広がり、地元で獲れる獣や鳥、魚介類、そして牛や馬なども生け贄にされた。そのことは『続日本紀（しょくにほんぎ）』、『類聚国史（るいじゅうこくし）』、『日本後紀（にほんこうき）』などにくわしい。

元来、伊勢神宮の神は神様と人間が同居したという神人同居の社殿にいたとされるが、その社殿を抜け大和の笠縫（かさぬい）の里に鎮座し、やがて漂泊を重ね、最後に伊勢の神路山（かみじやま）の麓、いまの内宮に坐（いま）したと伝承されている。言ってみれば魂の流離譚で、神は放浪した後、もっとも理想的な自然環境を選んだのだった。それは人間の自然発生的な意識や、精神性に裏打ちされていて、海の音、山の音、樹木の音、雨の音、際立つ風の音、そしてしじまと暗闇のある空間が「神」の坐す場であった。

そういった意味において、伊勢神宮は列島におけるもっとも古い社になるのかもしれない。人間は常に超人的なものを信仰の対象とした。山、川、海などの大自然を畏怖し、霊魂の世界を信じてきた。同時にその場に生きた動植物にさえ神格があると信じてきた。

二　東日本の祭りの特徴

東日本全体を俯瞰し、祭りのあり方の根本を考えれば、祭りの構成は神を呼び、神をもてなし、神を送り還すことが基本である。そして人と神が一体となることで和合を図り、新生していく。

ここで東日本、特に東北地方の祭りの特色について考察すれば、海、山、河など大自然のなかに籠る神を呼びだし、その神のふところに抱かれて神をもてなし、そして神を還す祭りが多く、そこには厳しい冬と共に生活する風土的背景や、縄文期以来の土着の粘り強さを実感できる。

例えば、青森県津軽地方の岩木山は津軽富士とも呼ばれ、また女子山（おなごやま）と呼称されるように美しい山である。その「若木山・お山参詣」という祭事では、旧暦八月一日の早暁に山に登り頂上でご来光を仰ぐ。その行事を「ついたち山」といい、昔から近在の多くの若者たちが参集する祭りであった。津軽地方では祖霊の寵る神聖なお山を「モリ」と呼び、山が母であり、産土神（うぶすながみ）となった。この祭りの出発は参加者である青年たちが、それぞれ村里の神社や集会所に集い水垢離（みずごり）をとり軀を清め、別火を用意し、その火を清めて煮炊きし、体内をも清める食事をとる。いよいよ祭り当日には青年らは白装束のサルマタ姿で、大きな四、五メートルの御幣（おんべ）（これは竹竿にヒバの鉋（かんな）がらを付けた大幟（おおのぼり））を腰に巻いた褌で受け止める。その姿は勇壮で、あたかも巨大な男根が天に向かって直立しているような錯覚さえおぼえる。その一〇〇ばかりの御幣が風になびき、青年らが行列して進む姿は荘厳だ。そして岩木山に分け入り険しい山道を登り、胎内くぐりという岩石群を抜けようやく山頂に辿り着く。御幣を立て、大声でわめき、神々に到着を告げる。しばらくすると、東の空がうっすらと白く染まり、やがてご来光となる。この「岩木山・お山参詣」は人びとが大自然のふところに抱かれ、その場で一年に一度の山に対しての感謝を捧げる祭りである。

また、青森県下北半島むつ市の「恐山大祭」や津軽郡金木町の「川倉の賽の河原」などは、死霊が棲むとされる山や川の霊場で、盲目の巫女（イタコやゴミソ）と客が対面し、巫女は死霊の媒介をしてぼそぼそと、時には激しく死者の魂が乗り移ったかのように語り、祖先と再会できる場が演出される。それも東北地方ならではの人情味や、籠るものをいとおしむ、という環境がなせる業だろうか。

厳しい修験道の山として知られる月山、羽黒山、湯殿山。その三つの山を象徴する出羽三山神社は、山形県東田川郡羽黒町に位置している。そこで行なわれる羽黒の「松例祭」は、十二月三十一日の大晦日の深夜から元日の早朝にかけて展開される。私が映画で取材したのは四〇年ばかり前のことだが、その折りは大雪で、照明のアイランプが舞い落ちる雪のためにふたつ、三つと割れたことが印象的だった。

松例祭はコメにつく害虫、ツツガムシを焼き払う行事で、社殿前の池は凍り、そこに積雪があって純白の銀世界となる。その広い庭に前日つくられた藁の太い大松明二本を置き、ツツガムシに見立てる。午後十一時になると験競（烏飛び）があり、これが終了して除夜の鐘がなると、ほら貝を合図に大松明に火を放ち、松明に結びつけた大綱を雪の上で曳きずりながら焼きつくす、という荒技を繰り広げる。そして元日の午前一時、火の打ち替え神事で祭りが終了する。大雪と炎に染められた厳しい祭りであった。

東北地方には凍てついた風土のなかで、人びとが生きていくことの大変さ、そして切なさが凝縮されたような険しい祭りが数多い。

私がかつて取材し、強烈な印象をもった祭りをいくつか列挙してみると、まずは秋田県男鹿の「なまはげ」。この祭りは石川県能登半島のあまみはぎ、そして鹿児島県甑島の「としどん」、さらにラオスの「フーフヌフナグス」という祭りにまで繋がっている。青森県八戸の「えんぶり」。「ねぶた」と「ねぷた」。岩手県の「蘇民祭」。これは三度ばかり取材した。この祭事は日本でもっとも厳しい二月の裸祭りだ。そして秋田市、三吉神社の「梵天」。かの有名な「竿灯」。それら数えきれないほど、東北の祭りを取材したが、そこから立ち上ってきたものは、闇の世界に対決しようとする東北人たちの頑強で逞しい精神の一面であった。

二十世紀の私たちは、ともすれば縄文時代を文化果つるクニとして捉え、東北地方を揶揄して見つめてきた。そして京都、奈良、大阪を文化の核にして日本列島のあり方を考えてきた。そんな偏見があってよいのだろうか。やっと最近になって縄文時代には高度な文化があったと気づくようになった。

私は京都で生まれ、大阪で暮らし、そして人生の大半を東京で生活し、旅を棲家として生きてきた。韓国へは百十数回仕事で入っている。

でも大阪へ入ると異口同音に話しかけられることは、やはり大阪は旨いものが多く、大阪は日本一やろ！　という一方的な大阪贔屓だ。これには閉口で、私は故郷をもたず、いま自分が立脚している場を我がクニと考えている。言ってみれば漂泊者だ。

日本という国はどこへいっても朝鮮文化が華盛りで、いまの韓国にさえなくなった民俗が、日本のなかに満ち、そして次から次へと出土されている。古代史を繙けば、古墳のなかには果たして日本人と確定できる人物の骨が入っているだろうか、それはたいへん疑問に思える。

結果的にはすべて諸々が「日本」になるのだが、いま一度、歴史のあり方を凝視して、日本の未来を展望しなければなるまい。そして東アジア全体を鳥瞰して「日本とは」を考えていくべきだろう。

第五章　渡来文化にみる神社と祭り
――複合と伏流について――

一　祭りの秘儀

伊勢神宮は日本を代表する神社である。神宮とは、古来より特別最高格の宮居とされ、皇大神宮（内宮）と、豊受大神宮（外宮）のふたつの正宮と、そこに数多く付属する宮社による「神の坐」として構成演出されている。

内宮の神は放浪する神で、初めは大和の笠縫邑に祀られていたが、その後、三重中西部の伊賀へ、次に滋賀の近江、岐阜の美濃、そして最後に現在の伊勢に祀られた。このことは魂の流離譚を意味し、神は漂泊したのち、もっとも理想的な自然環境を選んだのだった。そのような優れた演出力が伊勢神宮を造営した天武天皇にあったのだろう。

外宮の豊受大神とは食物の神で、大御饌を奉る役割を果たす神とされる。この神は京都府北部の丹波国比治の真奈井から迎えられた。

また一説には、いまも京都府加佐郡大江町に位置する元伊勢大神宮が伊勢内宮の親神で、やはり大江町天田にある豊受大神社から調理人が派遣されたともいわれている。

伊勢神宮の神職を永年にわたって務めてきたのが荒木田氏と度会(わたらい)氏一族で、御厨(みくりや)、御園(みその)を形成した。御厨とは魚貝類の貢物で、伊勢神宮には、殺生祭としての贄(にえ)の祭事が多い。度会氏一族が居住した度会郡は、かつては神郡となっていた。度会氏は、朝鮮渡来民と考えられている。

神宮の背景には、広大な面積をもつ、朝鮮名がついた「高麗広(こうらいびろ)」が、神秘の杜として巨大空間を造形し、そこに鹿の大群や小動物がいまも群生している。

五十鈴川の清流は、その高麗広を縫うようにたゆとう流れ、河海に棲息する鴨、小鳥、魚の楽園となり、御厨の現場となっている。

高麗広の広大な山林のなかには、神の使用人たちが二十数戸の居を構える。

元来、神宮とは、御祭神が皇祖、天皇であることをさしているが、「百済三書」(『百済本記』『百済記』『百済新撰』五二三年から五五三年にかけ編纂された)には、神宮の記録が一七カ所ある。『日本書紀』の作成は、「百済三書」のなかでも『百済本記』が手本になっている。

かつて伊勢にも「六畜」、馬、羊、牛、犬、豚、鶏の六種の生け贄の儀式があり、死んだ動物の死穢は縁起が悪いと敬遠された。

『続日本紀』聖武天皇十三(七四一)年二月条には「二月戊午詔して曰く、牛馬は人に代わり、勤労して人を養う。茲に因り、先に明制有りて屠殺を許さず。今聞く、国郡未だ禁止することを能わず。百姓猶屠殺すること有り、伊勢、尾張、近江、美濃、若狭、越前の国の百姓、牛を殺して漢神(韓神)を祭るに用いることを断ず」とあって、屠殺することを禁じたにもかかわらず、まだ多くの土地では村人たちが牛馬を犠牲とし、韓神を祀っていると嘆いている。

この記述のおもしろさは、中部地方から関西、北陸にかけ屠殺を行なっているとするが、関東、東北の地名が記載されていないことだ。

穢れの秘儀はつねに神社の内陣で、密やかに挙行されていくが、その神事もやがて各地に広がり、地元で獲れる獣や鳥、魚介類を利用する、生け贄の行事は一般へと普及したのだろう。『類聚国史』、『日本後紀』などにそのことがくわしい。

二　渡来の祭り考察

秋田県男鹿半島の各村落では、陰暦正月十五日の夜（いまでは大晦日の夜）、金棒や庖丁、鍬などを持った異形の鬼、なまはげが、各家々の戸を開け、座敷に上がって足をふみ鳴らし、「イネェガー（居るか……）、泣く子イネェガー」と子供らを震えさせる。

この行事は岩手県遠野地方では、なもみはぎ、なまはぎ、石川県鳳至郡では、あまみはぎと呼称し、各村落に数多く伝承されてきた。また列島を南下すると、鹿児島県の甑島にも秋田のなまはげと同じ行事「としどん」がある。としどんという異形の神人は首のない馬に乗ってきて、各家々の戸口をたたき、泣く子はいるか！　と庖丁を突き立てる。

なまはげ、なもみはぎ、あまぎはぎ、としどんなどに共通するのは、仮装した神人が挙って、訪れた家の家人から年餅をもらうことだ。これをキンタマと考える地域もあるが、その風俗は沖縄県のシヌグ祭にも具体的にみられる。もっと遡れば、インドシナ半島ラオスの「フーフヌフナグス」という

鹿児島県甑島の「としどん」。これは秋田県男鹿半島の「なまはげ」の原形とされる（写真・黒川敏子）

祭事にぶつかる。これもなまはげと同じなのだ。元来、なまはげも黒潮に乗って海上の道からやってきたのだろう。

渡来の祭り、渡来の神々をゆっくりと見てゆけば、香川の金刀羅宮などは、和魂名を名乗るKumbhira 梵語でインド神、鰐（わに）魚、鬼神を御祭神にしている。出雲大社は国を拓いた渡来神・大国主命で、開拓神だ。須佐神社（島根）や八坂神社（京都）は、朝鮮三国のひとつ新羅に降臨したスサノオを御祭神にしている。

大阪の住吉区に住吉大社があり、大阪府全体に住吉神社は七〇三社ある。御祭神は底筒男神（そこつつのおかみ）、中筒男神（なかつつのおかみ）、表筒男命（うわつつのおのみこと）の三神を祀るが、この三神は阿曇族（あずみ）（海人族）で、南方から移住し、西日本から朝鮮半島にかけ大きく広がった海神族（わだつみ）の一派と考えられている。

そしてさらに、この三神とは別に、朝鮮を攻めたとされる神功皇后（じんぐう）（息長足姫命（おきながたらしひめ））を祀るのだが『大社神代記』には、神功皇后の名が、辛国息長比売（からくにのおきながのたらしひめ）、つまり辛（韓）の多羅之姫（たらし）（売）となっている。

住吉神社には、明治維新の神仏分離まで、神宮寺があり、神社の祭祀権をあずかっていた。住吉神社には有名な「御田植祭」のほか、三〇近い祭事があり、その祭祀権を神宮寺がもっていた神宮寺の旧号を「新羅寺」といった。

新羅寺には本尊薬師如来、十二神将、四大天王があって、本尊は三韓から伝来した一級の尊像で、「新羅寺仏頂に納むる所也」と『大社神代記』に記述されている。また「古来、御本尊は秘仏にして発く（あば）無し、元是れ新羅寺の仏像故に、新羅寺と号す」とある。

『日本書紀』神功皇后の巻の終りには「日向国橘小門の水底にいて、水葉（わかめのこと、水底、中ほど、浅い水底の意味で、海人らの魂が潜んでいる）もやわらかに出でいる神、名は表筒男、中筒男、底筒男神有す」とある。明治六年の神仏分離で仏像は行方不明となるが、調査してみると一部は高野山にあるとのことだった。

先ほど記した住吉大社の御田植神事は、東京都板橋区徳丸の田遊と同様に、日本を代表する田植神事だが、徳丸には高麗姓をもつ人びとが古来より居住し、神事を進行させてきた。住吉大社の御田植神事では、神を田に迎え、早乙女が歌やお囃子にのって田植を行なうが、早乙女は芸妓、娼妓で、巫娼の形態が残されてきたと伝えられる。それは、呪術的意図をもった所作で、神霊に豊穣を祈願したものだ。

韓国南部の慶尚南道（キョンサンナムド）や全羅南北道（チョランナムプット）には、一九二〇年頃まで、御田植祭が残され、ムダン（巫女）や早乙女たちが、移秧謡（イヤンヨウ）を田植え唄に〝オホルルルサンサティヤ、この田に植えてよ〟と歌った。いまも韓国の田植では、女たちが猥歌を声高に囃すのだが、その所作には、胎内に子を宿す、孕むという意図が隠されている。

また韓国では、正月十五日、八月十五日の満月の日を中心に綱曳（つなひき）があり、「引索」、「絜河戯」、「照里之戯」と呼称されるが、名月の日に綱曳を行なうのは、孕む、子を宿す意味で、土地に精霊が宿り豊年に繋がることを暗示している。

日本列島各地にも綱曳は分布するが、その習俗は朝鮮半島から伝達されたと捉えねばなるまい。九州地方の綱曳は、盆や中秋の名月の夜の行事で、同じ意味を含んでいる。

近年、あまりにも有名になった埼玉県の高麗神社について、ここで少々触れてみたい。西武池袋線で、飯能駅をふたつ過ぎると、高麗駅に着く。駅前には、朝鮮の村々の守護神として、また里程標としてのチャンスン（長栍とも長生とも、あるいは将丞とも呼称）があり、胴には「天下大将軍」「地下女将軍」と記された大きな二本の柱が建っている。

日本では、朝鮮三国のひとつ、高句麗のことを高麗と呼称してきたが、高麗駅から徒歩でかつての高麗川の流れに沿って四、五〇分行くと、高麗神社にでる。

『続日本紀』七〇三年（大宝三年四月条）に、「従五位下高麗王若光賜王姓」と記されている。この王はコニキシと読み、百済王族らの渡来人に授けられた名辞である。つまり大和朝廷が存在したならば、その核になるのは百済であって、百済の朝廷が、高麗王若光にコニキシを与えたのであった。

埼玉県、かつての高麗郡（現・日高市）に716（霊亀２）年に建立された高麗神社。1967（昭和42）年撮影

また『続日本紀』の七一六年（霊亀二年五月条）には「駿河、甲斐、相模、上総、下総、常陸、下野の高麗人一七九五名を武蔵野（国）に移し、初めて高麗郡を置く」と記述されている。

初代若光から直系で、六〇代目の高麗文康氏が現在の高麗神社の宮司である。『高麗氏系図』によれば、高麗王若光の第三子である聖雲が、その師である高麗僧の勝楽の冥福を祈念するため、勝楽が高句麗から携えてきた歓喜天（聖天）を安置し、聖天院を開基した。現在も高麗山聖天院と称し、末寺五四を有する古刹で、高麗神社の脇に位置している。

いまでは誰もが高麗神社のことを知るようになったが、『続日本紀』に記される「駿河、甲斐、相模、上総、下総、常陸、下野」などには、七一六年以前、高句麗の人びとがその土地に数多く居住していたという事実があるように、高麗神社は他県の各地にも存在する。

長野県松代に、大室古墳群があり、そこに高句麗式古墳五〇二基がある。五世紀後半の古墳と確認される。そんな例を列挙すれば、限りないので、ここでは省く。

「高麗神社」「新羅神社」「百済王神社」など、列島には朝鮮三国の名をつけた神社が青森県から九州に至るまで存在するが、現在、神社本庁に登録されているのは七万九〇九〇社。神職は四万人で、一人平均二社。なかには六、七社をかけもちしている例もある。伏見稲荷四万社や、えびす神社三千社などは神社庁に登録していない。他の摂社、末社を加えると日本列島全体で三〇万以上の神社がある。

列島は七世紀後半まで国名のない時代が続いた。出雲、出羽などの地方区画の国名はあったのだが列島全体をひとつに括る国名はなかった。だから七世紀後半までに創建された神社には、誰一人として日本人の祖先神は存在しない。先住民として列島に土着したと考えられる土蜘蛛と呼ばれる人びと、アイヌ民族、隼人族など各地で大和からみて夷(い)と呼称された人びとさえ、混交と融合を繰り返してきた。断じて単一民族説に翻弄されてはならない。

神社の成立はそんな混沌(カオス)から脱却するための、村落共同体の意味が込められていた。そのため祖先神を祀り、血脈の繋がる人びとが生活の場として神社を創造したのだろう。

時代の流れのなかで、神社そのものも大きく変容し、権力者たちの手先となり、軍国主義の先端を走り、天皇家に肩入れをするのだが、神社が成立した三世紀から七世紀にかけては、多種多様な民族、マレビトたちが漂着し、一族の結束を図る目的で神社を形成したと考えられる。列島の各地には寄りくる神々たちが、寄木神社をつくり、御旅所を渚に構える例が多い。えびす神はその典型だろう。

神社成立の意味来歴には、のちの時代にでっち上げられたウソや欺瞞が多いのだが、それも時の権力者たちが、人心を摑むために神社を利用したのだろう。そのため日本列島の古代文化は国際色が豊かな吹き溜まり文化圏だった。神社には精霊崇拝や霊魂観があり、東南アジアのマレビトさえ数多く祀られている。

軍国主義に翻弄され、民衆を欺（あざむ）いた神社はいま反省の時代に入っている。そのことを深く考えている神社もあれば、また一方では天孫降臨を称えるだけの神社も多い。神社はつねに想像力の現場であるべきで、想像力の墓場にしてはならないのだ。

平安時代から鎌倉時代にかけ、神社は神霊を鎮祭する場から、参拝を中心に祭儀を演出する舞台へと移行していくのだった。

三　百済王権の渡来

日本の歴史を正しく理解するためには、中国や韓国の古文献をできるだけ繙（ひもと）くことが必要だろう。その上で、東アジア全体の風土や人びとの生活を見聞し、常識というものを一旦外し、地平を眺め、海峡を通して、列島のあり方を考察してみると、いろいろ見えてくる。

ただ『日本書紀』だけは、急激な国威宣揚を煽る意図が鮮明に記されているため、国づくりを急ぐ大規模工事現場の大胆な設計図的史書、という印象が強い。

文武天皇元年（六九七）

十月二十八日　新羅の使いの一吉湌（第七位の官位）金弼徳、副使の奈麻（第十一位）金任想らが来朝した。

文武天皇二年（六九八）

春正月一日　天皇は大極殿に出御して朝賀を受けられた。文武百官と新羅の朝貢使が拝賀した。その儀式は常の通りであった。

正月三日　新羅の使いの一吉湌金弼徳らが調物を献上した。

正月十七日　新羅の貢物を諸社に奉納した。

正月十九日　直広参（正五位下相当）土師宿禰馬手を遣わし、新羅の貢物を大内山陵（天武天皇陵）にお供えさせた。

二月三日　金弼徳らが本国に帰った。

とわずか数行で記されているのだが、文武天皇は、草壁皇子の子で天武天皇の孫になる。つまり、百済に精通していた文武天皇は、新羅からの使いである一吉湌金弼徳、奈麻、金任想らから調物を受けとり、その調物を各神社に寄進し、そして天武天皇陵に貢物を供え、金弼徳らは三カ月と数日間、畿内に滞留し、二月三日新羅へと帰っている。

百済は六六〇年、新羅と唐によって滅ぼされる。この頃、ヤマト政権は朝鮮三国の動乱をめぐり、大いに動揺し、国際的な危機に直面したことを契機に、畿内と畿外の支配体制の再編を図ったのだった。

〝壬申の乱〟は、百済が滅亡して十二年後、六七二年に大海人（天武）が起こした内乱であった。その後、文武天皇の時代となり、やっと畿内だけが日本という国名をもつようになる。

文武天皇四（七〇〇）年

三月十日　道照和尚が、中国、山東省北部の港、登州から帰る海のただ中で、船が漂い、どうしても進まず、七月七日になった。皆が怪しんで「風の勢いは快調である。出発以来の日を数えると、本国日本に着ける筈だ。それなのに船が敢えて進まないのは、思うに、何かのわけがあるのだろう」と言った。（中略）一行は日本へ帰り着いた。

とあり、ここに初めて『続日本紀』に「日本」という国名が記述される。ここから天武期、また持統期、つまり六八〇年前後には「日本」という国号が使われていたことがわかる。

つまり七世紀中葉には「日本」はなかったわけで、七世紀中葉までに造築された古墳には、誰一人として日本人は埋葬されていない。当然、神社にも日本人は祀られていない。したがって、「大王」という名がなくなり「天皇」という名称が定着したのは、六九〇年、持統天皇になってからだと考えられる。

第六章　神社成立の謎と神とコメの所在

一　性欲と生殖への願望

日本列島を東日本と西日本のふたつに大きく分け、縄文、弥生の時代区分を考えてみると、東日本、特に東北地方に弥生時代という周期があったのだろうかと、私は疑問をもっていた。学問的にはいろいろ難しく曖昧な部分もあるわけで、弥生時代とは一般的に縄文時代後、古墳時代前で弥生土器の出現、または稲作の出現時代と考えられている。

古代稲の伝播経路は、インド東北部アッサムとそこに隣接している雲南地方、という考え方がある一方、近年では多くの学者が長江中・下流域や、江南地方に米のルーツがあると力説する。古代米は中国からダイレクトに九州や列島各地に持ち込まれたとする説や、否、朝鮮半島を経由して入ったとするなどの諸説がある。

コメが日本で最初に発見された弥生時代の九州板付遺跡。私は「神々の履歴書」という長編記録映画で、そこをくわしく調査・撮影したが、いまも環濠（かんごう）集落遺跡であることが確認できる。そこでは住居跡・墳墓と共に水田跡が発見され、初期稲作が行われた場所としてもっとも重要視された。コメが列島各地へ伝播した本源は板付とする考え方が一般的になっている。

でも果たしてそうなのか、いまから十年前、青森県各地に取材旅行に入った。その折り、弘前近くの川部から田舎館（いなかだて）や隣接する垂柳（たるやなぎ）に入った。昭和三十一年から昭和三十二年にかけ耕地整理がなされた折り、両地から、焼きコメや籾の圧痕が色濃く残された土器が発掘された。当時、学界は騒然となった。それは二千年近く前のものだった。

翌三十三年、東北大学考古学研究室による垂柳遺跡の本格的な学術調査が行なわれた。そのとき、たいへん地域性の強い独特な様式をもつ弥生中期の土器五〇個と、二〇〇粒から二五〇粒の焼き米と石器六個が発掘された。

その結果、付近には農村集落が形成され、水稲耕作が実際に行なわれていたことが研究確認された。私は頭が真っ白になった。東北の青森にも弥生時代が歴然と存在したのだった。

田舎館には米の博物館が造られた。その博物館には二千年近くむかしの水田に、そのまま固形化して粘土上に残された人びとの足跡が見学できるよう、上空間を歩けるようにガラスが敷かれている。

学芸員にこのコメは二千年前、朝鮮半島百済からダイレクトに来たのではと問うと、学芸員は口を濁し、「それは……、そうかもしれないですが、やはり日本には学術的に九州板付から入ったとしか、……いまは言えないんです」と顔を顰（しか）めて残念がる。

田舎館は古くは蝦夷地で、「夷中」が田舎と読まれるようになったのでは、とも考えられている。辺りはかぎりなく整理された田園風景が美しく広がっていた。

東日本は弥生時代と思われる時代まで、縄文時代をそのまま引き摺ってきたと考えていたが、それを改めねばならない。

縄文文化は草創期から晩期まで全国各地で土器が出土している。その土器を見れば「生で食す」「焼いて食う」時代から「煮て食す」時代へと移行したことがよくわかる。

縄文時代の特徴的遺物は個性的で優美。土俗的な創造性が溢れている。

また東日本にストーンサークル（環状列石）がある。これは高さ一メートル前後の大きな自然石を土中に、環状に巡らし、中央に数個、または一本の石を直立させて配置をしたものだ。

例えば北海道の忍路（おしょろ）。また秋田県鹿角（かづの）市大湯の環状列石群などでは、繊細にデザインされた石のストーンサークルが発見され、これは墓、また土俗的な信仰が中心となった新石器時代の活発性を証明していると捉えられている。輪の中心には直立した二三センチの包茎状の石があり、その石は大胆に男性性器を象徴している。

また、一九八二年、能登半島真脇遺跡に入ったが、そこでは高さ一メートルの半円形に割った木が一〇本、直径六・三メートルのサークル（環状）を形成し、それぞれ一〇本の木は空に向かって直立、天と地を結ぶ宗教的な生殖願望を表現していた。

その他、縄文期を特徴づけるもうひとつの遺物に土偶がある。早期頃の地層から出土し、青森、秋田、岩手、茨城県の花輪台貝塚などから、木菟（みみずく）型、ハート型、筒型、遮光器形等の土偶が数多く出土している。

これら土偶は、そのほとんどが女性像で、乳房があり、しかも腹部が膨らんでいる。

秋田県鹿角市大湯のストーンサークル

同上のストーンサークルのアップ（男根の形状）

ギリシャのテッサリアで、紀元前六三〇〇年頃に作られた石像「母神像」は、女性の生殖器官が大きく口を開けて強調されている。列島の土偶にも「母神像」と同様に生殖器をむきだしにしたものも確認できる。

土偶は縄文人の精神生活を反映し、祭りの対象となった呪術的なものと考えられるが、特に東日本に数多く集中している。

かつて岡本太郎氏と「世界の祭り」を映像化するため、氏の青山のご自宅を何度か伺った。氏は土偶を創造した人びとは天真爛漫で天才だと哄笑されていた。

縄文の土偶に対し、弥生時代といえば銅鐸だが、その分布状況は西日本一帯に広がり、いまからおよそ二千年前後頃につくられた。銅鐸は青銅製で、農耕と結びついた「祭りの鐘」と考えられている。そして、その鋳造技術は朝鮮半島から伝えられたことが確認できる。

韓国出土の小銅鐸と生産方法が同じで、九割が銅、〇・五割が錫、あと〇・五割が鉛であり、また滋賀県大岩山出土の銅鐸は韓国産の鉛を使用していることがそれを裏付けている。

韓国では青銅器時代、小型の銅鐸がいくつか出土しているが、大型は日本列島にしかない。

銅鐸は西日本各地に出土し、そのほとんどが丘陵地帯に埋められていた。丘陵は女性の腹部をイメージさせる。銅鐸は実用品としてではなく、農耕と直結する祭祀用の楽器と考えられてきた。それも小型は一〇センチ前後、持ち運びは自由である。大型は一メートル余ある。

西日本では二四〇個前後の銅鐸が出土しているが、そのうちの一割にあたる二四個が滋賀県野洲(やす)町で発見されている。琵琶湖を中心とした近江一帯は、朝鮮渡来文化のるつぼだが、明治十四（一八八一）年に、子供たちが山遊びをしている折り、小篠原の大岩山から三個見つけ、それ以後一一個発見。さらに昭和三十七（一九六二）年、新幹線の工事に伴い、一〇個が発掘された。

弥生期から現在まで野洲町は雑穀や米の収穫が多い土地である。いまも琵琶湖と直結する水路が数本走っている。当然弥生時代の遺跡も多く、二千年前の木で作られた韓国の伽耶琴と同形の琴が、三基出土している。

その琴も「鉄と伽耶の大王たち」という作品で記録した。一基だけは湖岸の泥のなかに埋まっていて形状はそのままの状態で傷むことなく残されていた。

銅鐸の表面には猪（中国や朝鮮ではブタを意味する）や鹿の狩猟の様子、そして脱穀、糸巻き、など当時の人びとの生活や、小動物のスッポン、トンボ、蜥蜴（とかげ）、蜘蛛（くも）、かまきり等々が描かれている。そのことは居住や食生活の安定を願い、祭具として銅鐸をつくったことを鮮明にしている。

もっと具体的にいえば、銅鐸は天と地の性交を促す呪術的な祭具で、農作の実りが約束されれば銅鐸を重宝して飾り、不作になれば丘陵の土中に葬ったことを物語っている。それは再生を祈念してのことだろう。

特に朝鮮三韓、馬韓、弁韓、辰韓時代、青銅器が発達した頃、半島から渡来した人びとによってその技法・技術が列島へと持ち込まれ、お互いが製作技術を競い合うように銅鐸を巨大化させていったのだろう。

琵琶湖周辺には三韓文化だけでなく、高句麗・百済・新羅という三国時代の渡来文化が輝くように連綿と続いている。

そのことが手に取るようにわかったのは、二〇〇二年九月二十九日から二泊三日で、仲間たちと共に琵琶湖を一周し、途中「野洲町歴史民俗資料館」の「銅鐸博物館」に立ち寄り、数多くの銅鐸を見学したときである。緻密につくられたそのフォルムやデザインに魅せられ、そしてその存在感に圧倒された。当時の人びとは宇宙と交歓し、人間の生命と宇宙の営みは共存しているという考えを深く認識していたのだろうということがわかった。

また福井県春江町井向では、船が描かれた銅鐸が出土した。その描かれた船と同形の舟形土器が韓国の伽耶で出土している。

二　漂着と籠り

一九八六年「神々の履歴書」ロケのため韓国へ入った。当時ソウルの街角には、必ずといってよいほど厳つい黒装束に鉄兜の公安警察官らが屯（たむろ）していた。辺りには緊張した空気が走り、市民らはその場を遠ざかるように小走りする。

そんな時代のロケだから御多分にもれず日本人に対してはいろいろと揶揄されることがあった。その折り、韓国全体を回り、数多くの遺跡や遺物、当時の生活などを撮影した。

ソウルの国立博物館に行き、さまざまな遺物を長い時間をかけて撮影した。そんななかに忠清（チュンチョン）南道（ナムド）大田（テジョン）から出土した、青銅器時代の宗教的背景をもつ祭器があり、当時、館長だった韓炳三氏が、

韓国・大田出土青銅小板（防牌は12.8センチメートルで下部は欠損している（『渡来の祭り　渡来の芸能』より）

その祭器を自ら発掘したいきさつや、祭器が語ろうとしている意味来歴についてをたいへん具体的に説明して下さった。

それは防牌形銅製品で、馬韓時代の紀元前四世紀から三世紀頃にかけての出土品だった。これは当時のシャーマンが首からペンダントのように提げたものか、もしくは長い杖の先端に吊したものと捉えられていた。防牌は一二・八センチメートル、下腹部が欠損している。裏面には鋤を踏むシャーマンと農作業に従事する二人の農民が描かれている。シャーマンは頭上に鳥の羽根を長く伸ばしてつけ、男根を露出している。

これは豊饒を祈願するための農耕儀礼を描いたもので、表面には二股になった細い立木のてっぺんに、左右二羽の鳥がとまった鳥竿（ソッテ）が描かれていた。

鳥竿は幸福を招来するため村里の入口などに立てられる村里の守護的役割を果たすもので、いまも韓国には辛うじて数カ村に残されている。

この防牌を一目見た瞬間、銅鐸を作る技術は、三韓時代に日本列島へと渡来したのは確かだろうと直感した。そのことを裏付ける三韓時代の青銅器、例えば馬具の鐙(あぶみ)等々は慶州博物館や釜山大学博物館などに数多く保存されている。

列島の大きな画期は、野生の鳥獣や回遊魚を捕獲する縄文時代から、コメや雑穀を定期的に収穫する弥生時代を迎えたことだ。そのため、人びとは一定の土地に定住することを余儀なくされた。このことは西日本全体が定住サイクル化した革新期で、青森田舎館を中心とした東北の一部も同様だった。

定住サイクル化すれば、種付け、孕み、成長の促進祈願、雨乞いなど、一年の農耕サイクルを図式化した祭りが定着する。その手段として銅鐸の利用価値が高まる。つまり銅鐸の出現は縄文期の終焉を意味した。

とはいえ、東北地方では、野生動物の狩猟や野生植物の採集は続き、特に食用として茸などはたいへん重宝された。東北地方ではいまも茸は生活に欠かすことができない産物になっている。

また漁猟が発達していたため、大型魚を追い求め、移動生活を繰り返すことになる。その結果竪穴住居を利用した。竪穴住居は寒冷地においては暖を取るにはもっとも適した理想的な生活空間だった。その上、竪穴は手軽に造れるという利便性がある。それらの遺構はいまも東日本に数多くある。

日本列島は島国で、地球儀を手にして眺めると、何と小さい*く*にかと思われがちだが、周辺の何千、何万という島々を含め列島の海岸線を計算すると、あの巨大で広大な中国より長い。

日本は大きいのだ――。

第七章　百済王権から日本へ

上田正昭は『古代の道教と朝鮮文化』（人文書院）に、次のように記している。少々長いが引用してみよう。

『日本書紀』は、日本側の史料として『伊吉連博徳書』などを列挙し、また外国関係史料として『百済本記』『百済記』『百済新撰』のほか『魏志』「晋の起居住」などを引用しているが、ほかに特定の書名を冠しない「一書」・「或本」・「旧本」・「別本」などをも、本文以外に記載する。その記載総数は『日本書紀』全巻で二三一ヵ所におよぶが、いわゆる神代巻には、巻第一で「一書」＝四十六ヵ所、「一云」＝六ケ所、巻二で「一書」＝十五ヵ所、「一云」＝十二ヵ所、計七十九ヵ所ある。第五段の「一書」はそのひとつだが、保食神（うけもちのかみ）の体から牛・馬・粟・稗・麦・大豆・小豆が生成する神話において、つぎのように記述する。

「其の神の頂に、牛馬なるあり、顱（ひたい）の上に粟生（な）れり。眉の上に蚕生れり。眼の中に稗生れり。腹の中に稲生れり。陰に麦及び大・小豆生れり。」

とあるのがそれである。岩波版日本古典文学大系『日本書紀』上の頭注が「これらの生る場所と生る物との間には、朝鮮語ではじめて解ける対応がある」とのべているように、頭と馬、顱と粟、眼と稗、腹と稲、女陰と小豆とは、朝鮮語において相応する。このことはこの「旧辞」の伝承と筆録のにない手が、朝鮮渡来系の人々であったことを傍証する例といってよい。

それもそのはずで、『日本書紀』は、編年体の史書として編纂されているのだが、百済の『百済本記』を中心に、『百済記』や『百済新撰』など、百済三書を引用し、百済王朝の主張を、そのまま大和王朝の主張に掏り替えている。つまり天武天皇（大海人（おおあま））は、百済に精通し、百済の知恵を借りた人物と捉えねばならない。

だが『続日本書紀』は文武天皇元（六九七）年から、桓武天皇の延暦十（七九一）年までの九五年間、およそ一世紀の歴史を、全四〇巻に収めた勅撰史書であり、同時に、当時の世相を反映させた生活史、そして律令制の施行を記録した意味深い史料書である。

日本とは「ひのもとのくに」と云々されたと考えられているが、大宝律令のできた七〇一（大宝元）年、遣唐使が中国の「唐」に行く。このとき使い人が初めて「日本」からの使者ですと、唐の役人に告げた、と『漢書』に記述されている。そのことは、天武期（六七三―六八六）、また持統期（六九〇―六九七）頃は既に「日本」という国号が使われていたと考えられる。

したがって、「大王」という名前がなくなり「天皇」という名称が定着したのは、六九〇年、持統天皇になってからだと考えられる。そのため『日本書紀』は神代から持続天皇の終末までを漢文によって記し、皇室系譜に百済三書を摘要したのだろう。

けれども徐々に「日本国」という国名は、畿内から畿外へと広がり、北海道と沖縄を除く畿外全体が十二世紀、つまり平安末期になって、やっと日本国となる。

『続日本紀』の最後に記述される、桓武天皇、延暦八（七八九）年十二月二十八日条には「皇太后（高野新笠）が崩じた」と、たった一行だけが記載されている。この高野新笠は桓武天皇の母親で、光仁天皇皇太夫人であった。新笠の父親は、百済系氏族である和乙継で、乙継は阿知使主の後裔となる。

奈良の飛鳥村、檜前の里に、和乙継ら一族を祀る於美阿志神社が、ひっそりとはにかむように鎮座している。こここそが百済渡来氏族 東漢氏の、日本列島内における本貫地となる。神社の隣に接続するようにして檜隈寺跡がある。この地から第二八代とされ、百済を救った宣化天皇（大王）や、平安初期に活躍した武将、坂上刈田麻呂、その子の坂上田村麻呂（征夷大将軍に任じられ、京都東山に清水寺を創建。やはり東漢氏で百済系氏族である）が輩出した。

つまりヤマト朝廷の核となったのは、渡来系百済氏族で、東漢氏は百済系氏族らの連合体であった。

第八章　アニミズムは沈黙と闇のなかにある

一　中国、無明の闇

記憶は曖昧なのだが、映画監督協会が発行する赤表紙の色褪せた古い手帳を捲ると、一九九〇年十二月五日だろうか、あるいは六日か七日かもしれない。手帳の日付に収まらない文字が乱雑に記されていて、多分、揺れる列車のなかで書いたのだろう。この時期、寒風が吹き荒ぶ大連にいて、一四時一五分発、三〇一番の厳つい鉄のカタマリである二〇連結ほどの長い列車に乗車した。目的は集安での「土俗の乱声」ロケだったが、列車は一八時薄暮の通化駅に着いた。

通化は雪に埋まった純白の侘しい町で、家並にはランプだろうか、あるいは電灯かもしれないがぼんやりとした灯りが、ちらほらと見えた。

通化駅前には驢馬曳きの橇が四、五台並んでいた。北京から大連へと同行した通訳は、政府直属の官吏でまったく融通のきかない無骨な青年だった。

その無骨青年が、橇に乗れと命令する。一人乗りの橇で、手綱曳きはゴム底の厚い靴で徒歩で行くという。

中国・吉林省集安市に位置する広開土王墓（在位391〜412）

どこに行くのか通訳に質問すると、小型のバスがあるので、そのバスのある家に行くという。通訳氏もまったく旅の手順が理解できていない。役場から役場への電話連絡のみで、その手順で進行しているだけなのだ。集安への列車は工事か、事故かなんらかの都合があって乗れないということらしい。しかし、無骨青年に柔順に従うしか方法がない。

チリン、チリンと鈴が鳴る橇に揺られ二〇分ばかり雪深い農道を滑ったのだろうか。凍てつく寒村に、たしかに遠くに小型バスが一台ぽつねんと停車していた。

腹が減って、内臓が悲鳴を上げている。その場に食堂などあるはずもない。出発時からすべて歯車が噛み合わず、時間が止まり、わけのわからない無明の世界へと投げだされた気分だった。

運転手らしい人物が、集落のはずれからでてきて、通訳と一言、二言、それで出発だという。われわれ四人のスタッフは、何処に向かい、何処でめしを食い、何時頃集安に入れるのかと問うのだが、運転手は無言、通訳は雪のなかを三、四時間ほどかかるのでは、というあやふやで頼りない返事だった。

ままよ、出発しかないわけだ。凍てつく夜、バスは出発した。雪道を右に左に小刻みに波打つようにあえぎながら山道に入り、エンジンを吹かして、ゆっくりゆっくり雪道をのたうつように進む。

この世の終りへ向かうのかと、戸惑うほど暗澹たる想いが込みあげた。バスのなかでは誰一人無駄口をたたかない。人間の優しさとか愛情といった問題は吹き飛んで、中国という大陸の冬の山路をオンボロの小型バスが、ただ意味もなく、あらゆる事情を打ち消して、腹の減った五人を乗せ、ただのろのろと走るだけであった。

バスがやっとの思いで凍てついた山頂に入った。そのとき、バスはガタンと大きな音がしてエンジンを力強く吹かしたとたん、大きく一回転してストップした。氷った岩盤に乗り上げただろうことは、誰しもが理解できた。

肝を冷やした運転手は軀を震わせ、瞬時にバスから飛び降り、大きく溜息をついた。

次々と全員が恐る恐るクルマから降り、足下を見たのだが、山の斜面の一方は垂直になった崖の上であった。

空を見ると、星が、手の届きそうな位置で燦然と光っていた。ひとつかふたつの星なら、鷲摑みできそうな気配だった。その場はまさに神秘に満ちた無音の世界で、闇と星の光だけが異様に迫っていた。

私はそのとき、この世界こそが生物にとっての本当の世界ではないか、と激しく感動したことを覚えている。まさに神がいて、われわれ六名を神が助けたのだ、ということを実感した。背筋は凍り、軀は硬直しているのだが、心細さや恐怖感はなかった。

先人たちは恐らく神の存在を熟知していただろう、とその場に立つとわかったような気分になった。自然崇拝、自然信仰の有霊感、アニミズムはたしかに沈黙と闇の世界に存在すると確信した。「沈黙と闇」は、創造的な神の世界をつくりだしていく。古代の祭事は、そんな背景から誕生していたのだろう。人間の不安、沈滞、死、絶望、逃避を払拭し、それらを超越することで、「祭」は創造されたのだろう。

二 奈良・飛鳥（明日香）埋もれた都

奈良県の飛鳥（明日香）には、テレビや長編記録映画のロケなどで、十数回入っているだろう。入るたびにその印象は異なる。

飛鳥には眼で確認できる建築物や、威容を誇る神社・仏閣はないのだが、心の琴線に触れる古代の都の面影をなんとはなしに捉えることができる。

言ってみれば埋もれた都である。

飛鳥は、安須加、安宿（朝鮮系渡来人の安住地）とも記される。金達寿は「アスカ」の発音の起こりは、朝鮮語の「アンスク」「アスク」、つまり安宿からきたのではと考えていた。

「あすか」という地名は奈良県に二十数カ所あって、京都、大阪には三カ所ずつ、岐阜に二カ所、青森、秋田、山形、東京、静岡、三重、和歌山、広島、長崎にも各一カ所あって、文字はそれぞれ異なっている。

飛鳥は、奈良南部盆地の畝傍(うねび)山、香具(かぐ)山付近を流れる飛鳥川流域に位置し、推古天皇（女帝、実際には、この時代に天皇の成立はないとされている）が即位したという地である。このひとは『記』『紀』によれば五五四―六二八年とされ、アスカはそれ以後百余年にわたり断続的に宮殿が造営された土地である。

明日香村には六世紀末の推古天皇がいたと云々される豊浦宮があり、百年後の七世紀末にかけ、政治の中心地となる多くの宮が置かれ、一方ではその宮々は居住の場ともされてきた。

飛鳥岡本宮、田中宮、厩坂宮、飛鳥板蓋宮、後飛鳥岡本宮、飛鳥川原宮、島宮、飛鳥浄御原宮（天武）など律令政治が行なわれた日本列島の中心地で、政治、経済、文化はこの地で花を開いたのだった。

明日香村は春は蓮華、秋は彼岸花が一面に開花する色彩豊かな環境だ。

甘檮丘(あまかしのおか)（標高一四八メートル）に立ち西を望むと、葛城、二上、金剛の金剛山地、生駒そして信貴山が見渡せる。すぐ眼の前には畝傍山、剣池、和田池、眼を転じると飛鳥川をはさみ雷丘、香具山、耳成山と連なり、かつての藤原京が彷彿される。

蘇我馬子が飛鳥真神原の家並を破壊し、百済からやってきた外来氏族集団の技術を駆使し、永年の歳月をかけ、推古四（五九六）年飛鳥寺の大伽藍を完成させる。これは列島で一番最初にできた巨大な寺で、塔を中心に東西中に三金堂が配置され、堂塔を回廊が囲み、その北側には講堂が配され、法

京都府相楽郡南山城村にある奈良時代前期の法起寺式伽藍配置の高麗寺阯の石碑

隆寺の三倍以上の大きさを誇ったとされる。中金堂には推古十四（六〇六）年、飛鳥大仏が安置され、その創建時の跡にそのまま飛鳥大仏は眉を顰(ひそ)めて端然と坐しているが、寺そのものは、想像するだけになり跡形もない。

飛鳥でしっかりと確認できるのは石舞台(いしぶたい)古墳。これは横穴式方墳で、高句麗式方墳と考えられ、玄室の天井石を中心に数多くの巨石が露出している。

被葬者は推古三四（六二六）年に亡くなった蘇我馬子と考えられている。

また飛鳥にはナゾを秘めた石造物が数多く散らばる。猿石、酒船石、亀石、益田岩船など、使用目的がよくわからない大小の彫刻石がある。

これらの石造物は、古代の集落や多くの建造物が並んだ場に位置しているため、天空への祈願所、つまり宇宙軸にあたり、古代人らの数理概念が生かされた位置に配置されたようだ。このことはシャーマニズムが生きていたことを物語る。韓国の鄙びた田舎の集落の入口や、山の麓でよく眼にする石造物とたいへんよく似ている。例えば猿石、亀石、石人などが韓国には数多く存在する。
飛鳥の南側には、檜隈（ひのくま）の里があり、その地は東漢直（やまとのあやのあたい）の先祖、阿知使主（あちのおみ）集団、百済の先進文化を持ち込んだ人びとが定着した場で、阿知使主を祭神とした於美阿志（おみあし）神社がいまもあり、この地からは『記』『紀』に登場する宣化天皇（二八代とされる六世紀前半の天皇、でもこの時代に天皇は存在しない）がでている。

神社の脇には檜隈寺跡があり、伽藍配置が遺されている。檜隈寺跡のすぐ近く、北側には天武・持統陵があり、そこは檜隈大内陵と呼ばれている。

その手前に高松塚壁画古墳、そして文武天皇陵が位置している。この全体が檜隈の里で、百済の里になる。百済から渡りくる人びとが往還したため、渡りくる鳥に譬（たと）えて飛鳥と呼称したのであろうか。

東南アジア一帯には、幸福を運んでくると信じられてきた鳥竿が村里の入口や、山の裾野に建てられていたが、韓国ではその鳥竿をソッテと呼称し、いまも各地で見ることができる。

百済びとや高句麗びとたちは、当然鳥竿を携えて渡来したのだろう。

天武天皇が壬申の乱に勝利し、都を近江から飛鳥に移し、飛鳥浄御原宮（あすかきよみはら）を造営した場所は飛鳥川に沿った石舞台近くの「島の庄」ではないか、とも考えられている。

ソッテは近年、大阪堺市の池上曽根遺跡から七体が発掘された。長編記録映画「土俗の乱声（らんじょう）」でも描いたが、それは精巧につくられた大・小の鳥で、いまから二千年前のものと考えられている。古代朝鮮半島、百済の地から持ち込まれたソッテは堺だけでなく広島や福岡でも発掘されている。

飛鳥の地には集落ごとにソッテが聳え、民俗的信仰を敬ったのだろう。つまり飛鳥にはニッポン、ヤマト、ヒノモトの根本となる百済文化が根付いていた。

百済からの移動は、言語、仏教、律令制、民族文化、さらにはシャーマニズムまでをナラの地に定着させたのだ。

第九章　このクニのかたちと内実

日本列島は、山ひとつ、大河一本、湾を跨ぐだけで環境が一変し、各地の家庭では味噌・醬油などの味のつけ方や慣習までもが異なってくる。

ごく最近までは、人間が入り込めないような辺境もあり、そこに暮らす人びとにはそれなりの知恵や想像力があって、眼を見張ることもしばしばであった。

私は映像のつくり手として、テレビや短編・長編作品などでおよそ二五〇ばかりの祭事を日本だけでなく、韓国や中国へも追って作品化した。そこで実感したことは、日本列島は起伏の激しい山壁が海岸に迫っているため、海そのものを内懐に蓄えている。そのため列島は広く、とても深い。峠を越え、森林を過ぐるより、船での移動を図る方が便利で、そのため湾がもつ意味合いは強い。

網野善彦は卓越した心の眼や知性で、ねばり強く、海・湖・川の生活を研究・調査、記録し、「農耕文化」を軸にして日本列島の歴史や文化に迫るのではなく、〈海民とその生活〉〈山民と生業〉〈文化の基底を担う常民へのまなざし〉〈湖水に生きる人びとへの思い遣り〉などを通して、非農業分野へと視点を広げることを私たちに示唆してくれた。

江戸中期以後は、『古事記』や『日本書紀』一辺倒の教育が本居宣長によってなされ、儒教を排し、古道に帰るべきと説かれ、歪んだ教育が敗戦まで王道として罷り通ってきた。つまりそれまでの教育は天皇を頂点にしたタテ社会を核として、日本の歴史や文化を考えてきた。その陰になってきた海民・山民・常民や、賤視された人びととの社会などは悪場所、巣窟として見捨てられてきた。そこはいったいどのような意味をもつ社会環境なのかさえ吟味してこなかった。

〝漢神（韓神）を祀る殺牛儀礼〟〝たたら祭と韓鍛冶〟そして〝芸能としての傀儡祭〟などは、異端の場へと追いやられてきた。

『続日本記』聖武天皇天平十三（七四二）年二月条には、「牛馬は屠殺してはいけない、と禁止したにもかかわらず、百姓はいまもって屠殺をしている」と記され、伊勢・尾張・近江・美濃・若狭・越前・紀伊などの百姓に、牛を殺して韓神を祀ることを禁じている。この場合も漢神は韓神をさしているが、民衆は禁止令が敷かれたにもかかわらず、神社仏閣の神事として屠殺を行なってきた。

その六年前の天平七（七三五）年頃は、災害が多く、また疫病が流行、政情は大いに不安定となる。聖武天皇はその苦境から脱却すべく、各地に国分寺を建立し、盧舎那仏造顕の勅を下す。しかし、一方では、隼人らを手下にした藤原広嗣を反逆者とみなし、その一派二六人を死罪、四七人を流罪、徒罪（懲役）三二人、杖罪（鞭打）一七七名などに処している。聖武天皇も極端な情緒不安定に陥った。

網野善彦は『日本の歴史をよみなおす』（筑摩書房）のなかで〝畏怖と賤視〟を中心に据え、古代の差別・非田院の人びと・ケガレの問題などを通して、正当な歴史認識を諭している。その上で、このように記述する。「（略）しかも、大宝律令のできた七〇一年に遣唐使が中国大陸に行くのですが、その時の使いは『日本』の使いであると唐の役人にいっています。つまり『日本』という国号も、これまで推古朝とも考えられていましたが、やはりこれも最近の説では七世紀の後半、律令体制の確立した天武・持統のころ、天皇の称号といわばセットになって定まったと考えられています。これも大変大事な点で、このときより前には『日本』も『日本人』も実在していないことをはっきりさせておく必要があります。その意味で縄文人、弥生人、はもちろんのこと、聖徳太子も『日本人』ではないのです」と説いている。

また、『海民と日本社会』（新人物往来社）では、「――諸民族の交錯する海域では、〈倭〉という語は、国家領域をまたいで成立する地域の共通性を示す標識となっている――」と記述する。

井上秀雄は『倭・倭人・倭国』（人文書院）のなかで、南韓・伽耶（かや）や多島海、モンゴル、長江下流域、そして北九州から壱岐・対馬などは、時代はずれるが、かつて中国の中央政権からみた「倭の地」だった、と触れている。

また、網野善彦は『古文書返却の旅』（中公新書）で、「海天」たちは「船をもって家をなす」と湖水生活者の生きざまに注目する。

漁村地域に辛うじて残された、古文書を収集、整理することで〝新しい生活史〟を発見したのだ。

七〇一年の遺唐使が日本を「ニホン」「ヤマト」「ヒノモト」とどのように伝えたのか、私にはわからないが、〝山城・大和・河内・和泉・摂津の五カ国〟、つまり、「畿内」だけを〝日本〟と呼称したのではと推測する。

その畿内から外側をみるとき、岡山・石川・静岡・東京地域はことごとく、〝化外（けがい）の民〟であり、蝦夷（えみし）（毛人）、隼人、アイヌなどの先住民族は敵視される環境にあった。ただ、夷俘（いふ）、俘囚（ふしゅう）といった蝦夷出身の集団が畿内の一部に村落を形成し、農耕や狩猟、雑事を請け負っていたのだろう。

権力者側は、その夷俘・俘囚をたえず新陳代謝させることで、全国各地の情報を収集させた……と想像できる。

では、権力者集団〈大和朝廷〉と、その集団を担ぎ出した人びととは、どのような民族だったのだろうか。

海をまたいで列島へやってきた人びとを、いちがいに〈渡来人〉という括り方だけでは納得できない。縄文人、弥生人でもない列島人が主体的に存在したと捉えねばならない。

古代、海人（かいじん）を海部（あまべ）・海部（かいふ）・蛭子（ひるこ・えびす）と呼称したが、その人びとにとっては日本海や、『隋書』に琉求（琉球）と記された島々に繋がる黒潮流域は、小舟でも渡れる海の庭である。そこは自由を獲得できる場であった。

日本史研究は争いを招き困難を極めた列島内陸部での人びとの生活にばかり注目し、自由な海の世界には眼を向けず、民族主義を押し進める国史学が中心であった。海の神が祀られる「住吉神社」や「恵比寿神社」も国史学に結びつけられてゆく。

天武・持統期には道教や仏教、そして儒教などが国づくりの方便に利用されたのだが、江戸中期以降はそれが外され〝神道〟やアニミズムが教義思想に組み込まれていく。

では、〝神道〟とはどういった内実なのか、神社庁で神社数を調べると、全国に七万九〇九〇社あるという。ところが海人系のえびす神社や、新羅系秦氏の伏見稲荷は、神社庁には登録されていない。

この両社や里宮・摂社・末社などを加えると、日本列島には約三〇万前後の神社があり、古墳が三五万あって、寺院は七万、それに祭事が三〇万ある。

この現実を私たちはどのように受けとめればよいのだろうか。神道、道教、仏教、儒教、古墳、そして、祭事の大道までもが、海の庭を渡って列島へと伝わっている。私は祭事については『渡来の祭り 渡来の芸能』（岩波書店）をすでに発表した。言ってみれば列島は類のない〝吹き溜まり文化圏〟なのである。それも朝鮮半島だけでなく東アジア全体からだ。

神社の代表といえば、やはり伊勢神宮。神宮とは古来より特別最高格の宮居とされ、皇大神宮（内宮）と豊受（とようけ）大神宮（外宮）のふたつの正宮と、そこに数多く付属する宮社によって「神の坐」として構成演出されてきた。内宮の神（アマテラス）は放浪する神で、初めは大和の笠縫邑（かさぬいのむら）に祀られ、その後、三重の伊賀、次に滋賀の近江、岐阜の美濃、最後に伊勢に祀られた。

二〇〇二年夏、神宮を訪ねたが、内宮と外宮に接続した広大な森林地を、高麗広（こうらいびろ）（高句麗をさす）と呼び、いまも鹿の群れが出没する。その高麗広を縫うようにして五十鈴川が流れ、川鵜が私の眼前で小魚をくわえ飛翔した。その近くには韓神山が二カ所あり、神職らの墓地となっている。ぽつりぽつりと二四、五軒の家屋もあるが、島津姓が多いらしい。天武は大海人皇子という皇子名をもっていた。それは尾張氏の支配下にあった海部氏の乳母に養育されたためとされる。尾張氏の始祖はホアカリノミコトで、丹後国・天橋立北浜に鎮座する元伊勢籠（この）神社も祭神はアマテラスとトヨウケ。

この神社の宮司は神代以来の直系とされる海部（あまべ）氏。現在八二代目。この正月、元伊勢の宮津に二泊三日し籠神社を取材したのだが、海部氏の系図は国宝になっていて、始祖はやはりホアカリノミコトだった。神職に質問すると、元伊勢神社は各地に二〇カ所ほどあるのでは、と答えてくれた。

『三国史記』には、「新羅宗廟の制度をたずねてみれば、第二代・南解王（ナメウン）三年（西暦六年春）、初めて始祖である赫居世（ヒョッコヒ）の廟を建て、四時に祭祀を司る。親妹（国王の娘の巫女）阿老をもって祭祀を主管した」～「それから第二十一代・照知王（四七九年から四九九年迄在位〈つまり新羅王〉）が四八七年、始祖・赫居世の降誕地である奈乙に〝神宮〟を創設し、祀った」とある。

つまり結論ではないが、私はこう考えている。天智は琵琶湖一帯の百済と伽耶文化を統括する百済系で、天武は新羅人だと捉えている。したがって、天智死後の〝壬申の乱〟は「百済」と「新羅」の、湖水と海上の交通権制覇争奪戦ではなかったかと。

琵琶湖の交通権、そして敦賀湾に繋がる大陸交通の要地権は百済系の天智が掌握していた。〝壬申の乱〟はその権利をめぐる人間の欲望の戦いだったと。

網野史学は学問であるので、そこまで踏み込んではいないが、海と湖の文化を考える上で、私に大きな勇気と示唆を与えてくれた。

二〇〇八年九月、二泊三日でふたたび伊勢高麗広に入った。想像する世界への憧れ、また古代から現代へと連綿と繋がる歴史の内実。そんな意味合いを探るための調査という目的で、大学の先生三名、民俗研究家、出版社編集者、ジャーナリスト二名、韓国大好き医師、地元住人で生活文化にくわしい人権問題運動家二人、そして私の一一名で伊勢の麻吉（あさきち）旅館に集合した。

この宿はかつて遊郭だった色里の中心で、建物は江戸から大正にかけての風情を見事に残している。

宿では、伊勢湾で獲れたばかりの海老や魚が並ぶと、酒席は盛りあがり、明日の高麗広入りが真剣味を帯びてくる。

翌朝、二台のクルマで高麗広へ入った。やっとクルマ一台が辛うじて通れる起伏の多い路を進むと、川や林を渉る風が爽やかで、やはり八百万（やおよろず）の神はおわすわけだと納得。高麗広は伊勢内宮と外宮に繋がる奥深い原始林が続き、その真ん中を五十鈴川が蛇行している。

クルマを降り、五十鈴川にでると、広い川幅に、大小二、三〇の石が対岸へと渡るように繋がっている。平らな巨石もあるが、そこは伊勢の神々への「御神贄」つまりミケとミニエを調理する賄い処で、非公開の場となっていた。

その後、五十鈴川を渡り対岸を一キロばかり散策。御案内下さったのは、伊勢神宮の一級表具師・杉山貞雄氏。私は氏とお会いするのはこれで二度目である。川沿いには磐座を彷彿させる巨石があちこちに点在し、杉山氏は、この巨石・天関の前でも祭りがあったと御教示下さった。鬱蒼としたその場の近くには、一瞬鹿が確認でき、獣道が縦横に走っている。

伊勢内宮の祭神は太陽神（あまてらす）で、代々繋がってきた禰宜（ねぎ）の先祖は朝鮮渡来の荒木田氏。外宮の祭神は豊受（とようけ）大御神で、あまてらすの大御贄（おおみけ）の守護神とされる。歴代の禰宜は度会（わたらい）氏である。元来、伊勢には土着の人びとがいないと考えられ、荒木田、度会は共に朝鮮渡来の集団で、百済、新羅の先進文化を伊勢に定着させたと推測される。

夕刻、外宮に近い伊勢市四郷に入った。五十鈴川を渡り、川沿いを左へ折れると、そこにこんもりとした樹林があり、なかに入ると何故か身が竦むような霊気が感じられた。小さな社がふたつ左右シンメトリーに並び、二社はそれぞれ独立、神が降下してきたような存在感がみなぎっている。

向かって右側の社の石柱には「皇大神宮摂社・国津御祖神社」、左の石柱には「皇大神宮摂社・大土御祖神社」と刻印されている。国津御祖とは田村比売命（たむらひめのみこと）をさし、古代氏族の系譜集成、「新撰姓氏録」を繙けば、倭漢氏族（やまとのあやうじ）で、綾織部（あやおりべ）の漢氏（あやうじ）だった。つまり、百済系織物の先祖を祀っているのだ。

大土御祖とは、国を造った国生神（くになりかみ）の子、大国玉命（おおくにたまのみこと）をさしている。この神もやはり朝鮮渡来の開拓民なのだ。

ふたつの祠は、いつの時代に四郷に造られたのか、それは確認できなかった。近在の人びとは、このふたつの社を正直に教えてくれない。それは何故か。東京へ帰り、あらゆる文献を繙き、三重、京都、大阪の知人らに、ふたつの社について問い合わせたのだが、その実体はわからなかった。しかし、環境のあり方がわかった。

私の考えは、ふたつの社が、本来の伊勢の神である田村比売命を祀り、『日本書記』にある、継体天皇元（五〇七）年、荳角皇女（ささげひめのみこと）が伊勢の大神の祠に侍る、また敏達天皇七（五七八）年、菟道皇女（うじひめのみこと）を伊勢の祠に侍らせるという記述をそのまま信じるのなら、六世紀の後半までは「神宮」の名が記されていないことになる。

ところが、用明天皇即位前紀（巻第二一）には酢香手姫皇女（すかてひめのみこと）を以って伊勢神宮に拝して、日神（ひのかみ）の祀（まつり）に奉（つかえまつ）らしむと記される。これは五八五年とされているので、六世紀の最後には「神宮」という名称が記されていることになる。

『日本書紀』は養老四（七二〇）年に舎人親王らの撰によるわけだから、持統天皇までの政権に伝わった神話と伝説、修飾の多い記録が中心になる。それをそっくりそのまま鵜呑みにはできない。

「国津御祖神社」と「大土御祖神社」の位置する場は四郷で、そこには被差別部落が存在した。土地の人びとは口が重く、神社の存在をはっきりさせてくれなかったが、言い換えれば、このふたつの社は、差別賤視された人びとの内懐に生き、守られてきた。余所者が滅多矢鱈にのっそりと拝むことはできない、ということが納得できた。

ここで少し考えてみることにする。天武天皇は飛鳥浄御原令を制定、大宝律令を発した。その律令制は、百済三書が手本となっている。そして、八色の姓を定め身分秩序を明確化させた。

壬申の乱、その後は伊勢神宮を神格化させ、皇女を伊勢に駐在させるため斎宮を制度化した。このとき、「天皇」そして「日本」の呼称がセットになって生みだされ、持統期になると天皇の名が定着する。

そういった背景を捉えるとき、ほあかりのみこと、そしてあまてらすは人心を掌握する必然的な神出現による演出だった。東アジア一帯には太陽神が存在する。そのことは誰一人反論することはできない。伊勢神宮を造営することで、天武は智略のもっとも秀でた英雄に収まったわけだ。政治と武術、経済と文化の両輪を鮮やかに拮抗させ、御祖神社の近くに、韓神山までつくり、そこに伊勢神宮の禰宜たちが入る永遠不滅の墓を造営した。いま、韓神山は真竹が群生し、渉りくる風はひんやりとしている。

いまの時代なればこそ、以上のことを推測し、確認できる自由があるが、色町が繁栄した時代は伊勢神宮の御師が神職または社僧として、御祓（おおはらえ）を配り、参詣者の案内や宿泊を業としていた。参詣者は自由に、高麗広や韓神山、御祖神社に入ることはできなかった。そこは禁足地になっていた。言うならば、伊勢神宮に参拝するということは天皇教信仰に直結して繋がり、単一民族への道を増幅させることであった。

第十章　鬼の子孫・八瀬童子の赦免地踊り

一　八瀬の歴史的背景

二〇一一年十月九日（日）京都駅タワー改札口前で、六、七名の仲間たちと待ち合わせ、八瀬童子らの赦免地踊りを見学に行く。

かつて五、六回、八瀬には調査に入り、二〇年ほど前には童子頭のご自宅にも伺い、いろいろ八瀬の特徴、古い写真、野生鳥獣の捕獲、落鮎の料理法などを教わりもした。

当日、祭りが始まる二時間ほど前、午後四時頃、八瀬に入った。

八瀬は比叡山の西麓、鴨川の支流である高野川に、ひっそりと沿う二五〇戸ばかりの山間集落。いわゆる隠れ里を連想させるような鄙びた集落。でも一軒一軒の家は堂々とした立派なお屋敷が多く、二〇年近く前に来たときの印象とはまるで異なっていた。そこは京都市左京区の一地区で、集落に沿って若狭（敦賀）街道が通じている。それはかつての鯖街道。北側には大原が接している。

八瀬は主に農林業を中心に、若鮎、小鹿、山菜などを収穫し、天皇家に献上してきた集落だ。天皇成立期より天皇家との連携は深いと考えられるが、文献によれば中世以後、御所との繋がりは親密で、十六歳を過ぎた男子は八瀬童子と呼ばれ、天皇の行幸（御行）のときは必ず駕輿丁として出仕することが慣例になっていた。そのため八瀬の人びとは御所への出入りが許されていた。

日本でもっとも古い祭事は、京の「葵祭り」（賀茂祭り）だろう。この祭事の特色は天皇家を護衛する要人と、その連隊が御所を出発し下鴨神社（賀茂別雷神社）を御練して、武射神事、走馬、競馬会、烏相撲などの神事を行なうことである。葵祭りは朝鮮三国のひとつ新羅渡来の秦氏が、京開拓の儀式として伝承してきた祭事だと考えられている。

葵は陰湿地に自生する多年草で、ふたばぐさ、もろはぐさ、ひかげぐさとも呼ばれ全国に分布している。

また葵は悪臭を発する草としてよく知られているが、同時に咳止めにもなり漢方の鎮咳剤になっている。そのため葵は魔除けの役割を果たした。

葵祭りは天皇家に直結するところから典型的な「勅祭」。この祭事に八瀬童子は太古のむかしからいまも九〇名前後が参列し、検非違使の馬の手綱や牛車の手綱を握り、神事の進行を担っている。言い換えれば八瀬童子が葵祭りに参列しなければ葵祭りは成立しないという側面がある。同時に八瀬童子は天皇をはじめとする皇族だけでなく近衛家の雑役も兼ねていた。

では何故八瀬童子は「鬼の子孫」と呼称されたのだろうか。

池田昭の『天皇制と八瀬童子』（東方出版）ではこのように記している。少々長くなるが写してみる。

いずれにせよ、室町末と徳川前・中期の伝承では、八瀬の人々は門跡ないしは座主が冥府に往来するさいに供奉下二鬼の子孫であると考えられていた。

このような意味の鬼の子孫の伝承と類似した伝承のある人々に、奈良県吉野郡下北山村前鬼の人々がある。修験道の改組、役小角に従った前鬼と後鬼がこの地に住み、その子孫の五鬼はこの地の人々であると云われている。社会的にみると、両者には、座主・門跡と開祖の違いがあるにせよ、彼らは共通し宗教的首長に仕える従者である。

そのうえ、八瀬の人々も、宗教的（とくに仏教的）にみると、彼らは共通し、矜羯羅童子と制吒迦童子という二鬼の護法童子の伝承ももっていた。そうすると、彼らは、たんに宗教的首長に対する従者であったばかりでなく、矜羯羅童子のもつ随順さと制吒迦童子のもつ浄め二つの意味ないしは機能を供えた従者でもあった。

八瀬には『八瀬童子会文書』という貴重な文書があり、今日まで大切に保存されてきた。そこには建武三年正月二十四日（南北朝時代・西暦一三三六年）後醍醐天皇綸旨案から歴代天皇の綸旨や村民の生活史が綴られている。

二　天皇家の葬儀と八瀬童子

朝廷の重要な儀式に参与した八瀬童子は歴代天皇の葬儀にも関与していたのではないか、と考えられているが、文献にはそのことは記録されていない。ただし、明治、大正、昭和天皇の大喪の儀には八瀬童子が大いに関与している。八瀬童子会文書「明治天皇御大喪儀に関する書類　八瀬村役場」を抜粋してみる。

明治四十五年七月三十日
昨夜午前〇時四十分、崩御アラセラル、本日午前九時、陛下崩御の悲報を新聞号外ニテ拝見シ岩松村長ハ同十時当村出発（以下略）
七月三十一日
岩松村長ハ午前七時新橋ニ着シ、四ツ谷荒木町常盤屋方ニ滞在宿泊スルコトトナル、
九月十三日
八瀬村ニテハ遥拝式行フ、岩松村長外四十九名拝命ニ起床、斎戒沐浴ノ為メ、朝風呂ニ入り、午前六時出勤、装束着替ノ上、私服ヲ長持ニ入レ、調度局へ預け、桃山へ送附ヲ託ス（略）正服着用ノ上、主馬寮構内ニテ御車副練習アリ（実際牛ヲ附ケ）、又午後二時半頃ヨリ南条氏ノ指揮ニテ宮へ入リ、御霊柩ノ御用ヲ為シ、軌道ヲ参観セシメラル、此トキ人員弐拾人ナリ

以下連綿と『八瀬童子会文書』は続くが、これは「叢書京都の史料」として京都市歴史資料館が纏めているので、くわしくはそれを参考に——。

つまり、『八瀬記』によれば、八瀬童子は天皇勅使の駕輿丁を行ない、二戸の家では牛飼童として牛車も扱っていた。

昭和天皇の大喪に、八瀬童子会は八五名の輿丁として参加。しかし宮内庁は皇宮警察官に輿丁役を

任せたが、古い仕来り(しきたり)を保存している八瀬童子の六名の輿丁役が選出され、新宿御苑では柩を自動車から葱花輦(そうかれん)へ移し、さらに多摩御陵では、自動車から墓に埋葬するためにウインチが使用されたが、そのウインチの手動作業を行なったのも八瀬童子らであった。

葱花輦は天皇の乗輿(じょうよ)で、金色の葱花の飾りを屋上につける。葱花は長く散らないため、めでたいものと考えられ、李氏朝鮮時代の王族、貴族たちもこれを用いた。

三　八瀬赦免地踊

八瀬秋元町、天満宮摂社秋元神社の例祭。またの呼称は燈籠踊という。十四、五歳になった男子がちりめん小袖、しごきをつけ美しく女装し、切子燈籠を被る。

この例祭では、八瀬の四地区、それぞれの最高齢者の家が宿(花宿)の当番になる。その花宿で当日の朝、切子燈籠が製作される。これは淡い赤紙のすかし彫りで、武者や動物などが美しく繊細に彫られている。その赤紙に白の地紙を張り、各町内が一対ずつつくる。合計八つの切子燈籠ができあがる。

夕暮刻、女装の男子が切子燈籠を被り、十二、三歳の少女らが手甲、脚絆、白足袋わらじ姿で踊る。これは成年戒に関連が深いと考えられる。

行列は、祭りの指揮者である二十六歳から三十歳の男子、十人頭に誘導され静静と進む。燈籠の灯火はゆらゆらと流れ見物人もその行列に続き、天満宮の摂社、秋元神社へと向かう。

南北朝時代の延元元(建武三年・一三三六年)年の正月、後醍醐天皇が京都から叡山へと御潜行され

京都府八瀬赦免地踊り。手甲、脚絆、白足袋で舞う少女たち（写真・平嶋彰彦）

た折り八瀬童子は駕輿丁を務め、弓矢を持って道中を警護し、無事延暦寺に供奉した。この功績によって八瀬童子の居住区は年貢諸役一切免除という御綸旨を賜る。

ところが江戸時代になると八瀬地は比叡山に没収されることになる。八瀬の人びとは、時の老中、秋元但馬守に直訴する。その結果、先例通りの待遇を受けることに成功した。

そのお礼のため江戸に下ったが、秋元但馬守は生憎（あいにく）他界していた。その霊を弔って氏神天満宮の境内に秋元神社を建て、以後毎年九月に赦免地踊りを奉納するようになる。

燈籠は秋元但馬守への供養のしるしとされている。

境内では夜を明かして、道歌、花つみ踊、屋形踊、忍踊、狩場踊などを古風な小歌にのせて舞う。

本来、天皇は百済渡来系と捉えねばならず、山間の辺境で知恵を絞り、自然に順応して逞しく生きてきたのが八瀬童子らであったのだろう。

熊襲、隼人、蝦夷、土蜘蛛、アイヌなどは本来日本列島の原住民で、八瀬童子も原列島人の血脈として捉え、尊敬の念を抱かねばならないだろう。

第十一章　性と祭り　日本と朝鮮半島との融合

一　沈黙と闇

深夜に風が立つように吹き荒れた。かすかに葉擦れの音がざわめく。裏庭に面した保存林の欅や楢がすっかり青味をなくし、黄色く色づいた枯葉の甲高い音だ。しかも遠くから時折り車の軋む音が聴え、無音と沈黙の世界はすでに過去のものとなり、なくなったのであろうか。

かつて中国の通化から集安へと真夜中に車を飛ばしているとき、凍てついた山中で、タイヤが氷った岩盤に乗り上げ、車が一回転してストップした。肝を冷した中国人の運転手が、車から降り溜息をついた。まさにその下は垂直になった崖であった。空を見上げると、星が手の届きそうな位置に燦然と光っている。ひとつかふたつの星なら鷲掴みできる気配だ。その場は神秘に満ちた無音の世界であり、闇の世界だった。

なんという心細さと恐怖感。背筋が寒くなった。沈黙と闇の世界がたしかにその場には存在した。闇があることで星の輝きの強烈さを印象づけられたのだった。星の放つ閃光は異様な美しさだった。そのとき、われわれの祖先である先人たちは神の存在というものを熟知しているのでは、と考えた。

もしその場に、おのれ一人しか存在していなかったなら、どうしただろうか。考えるだけで足が竦んでしまう。

自然崇拝、自然信仰としての有霊観、アニミズムはたしかに沈黙と闇の世界には存在すると、その折り確信したのだった。「沈黙と闇」は創造的な神々の世界をつくりだしていく。

古代の「祭り」はそんな多くの背景を背負って誕生してきたのだろう。それは人間の不安、沈滞、死、絶望、逃避などを払拭し、超越することで、祭りを創造したのかもしれない。特に性の祭りはそれを証明していると、私は考えている。

二　飛鳥坐神社・おんだ祭

奈良県高市郡に明日香村がある。そこには巨大古墳と覚しき小高い饅頭山に、飛鳥坐神社が神代の昔から鎮座している。御祭神として事代主神、飛鳥神奈備三日女神、高皇産霊神、大物主神という四柱の神々を祀るたいへん土俗的な要素をもつ神社で、御神体は山そのものである。言い換えれば饅頭山は古墳そのもので、時代がうつるなかで山頂に奥津城ができ、やがてその奥津城が神社へと変化したのではと類推している。

飛鳥は、明日香、安須加、安宿とも記され、「あすか」という地名は奈良に二十数カ所あって、京都や大阪には三カ所ずつ、岐阜に二カ所、青森、秋田、山形、東京、静岡、三重、和歌山、広島、長崎にも各一カ所ある。「アスカ」の発音の起こりは朝鮮語の「アンスク」、つまり安宿からきたと考察される。

明日香村には石舞台に代表されるごとく、石が点在し、石の都を連想する。酒舟石、亀石、鬼の俎、入鹿の首塚、高句麗式石積み方墳吉備姫墓の猿石、伝承板蓋宮跡の礎石など数え上げればきりがない。それらの石や岩は本来土の中で眠っていたものが掘り起こされ、または自然石としてころがっていたものを裏返してみると彫刻されていたものばかりで、近年になって整備され、恭しく飾られることになる。これらの石は歴史の謎解きに大きな役割を果たしているのだが、やはりアニミズムの対象になったことを証明している。なかでも猿石は、現在の韓国にも似たような石がごろごろあって、朝鮮から持ち込まれたものか、また朝鮮の石工がこの地で刻んだものだと考えられている。明日香坐神社にもこの猿石に似たものがふたつあり、興味を覚えた。明日香村は高句麗、百済、新羅、伽耶の文化で構成されている。そのことはいずれかの機会に記したい。

明日香坐神社の正面の鳥居をくぐり、五〇段ばかりの急な険しい石段を上ると、木立ちに囲まれた参道や境内には、大小さまざまの苔むした石が無数に奉納されている。大きな石は一メートル、小さな石は二、三〇センチで、それらはいずれも陰茎をかたどった男根自然石や造形された石で、随分風化しているものが多いが、なかにはリアルな石もあり一瞬ハッとさせられる。

これらの石は子宝祈願や安産の対象とされた近世のものが多いが、古代から際立つように安置されたものも数多い。その男根石を凝視していると、古代の鉦や笛や太鼓の音が幽かにこだましてくるようで、ここに誕生した「おんだ祭り」の背景が納得できる。

愛知県西尾市熱池町、熱池八幡社の「てんてこ祭」、同じく小牧市の田県神社と犬山市の大県神社の「豊年祭」。そしてこの「おんだ祭り」が、日本における数多くの性神事のなかでも、もっとも露骨に性を取り扱った奇祭である。「おんだ祭り」は正式には「御田植神事」といい、生殖祈願を純粋に表現した田遊び神事とされる。この地にかぎらず、一月から二月にかけて全国各地に「御田植神事」は散在する。古代朝鮮や近年までの韓国でも「田植」は大らかな性の歌を囃すことで成立する。私は「神々の履歴」という作品でそのことを描いた。

これは年の始めに、まず神に感謝の祈りを捧げる農耕儀礼と、五穀豊穣を祈願する風習と考えられている。柳田國男は『日本の祭』に「春の始めに多くの御社において、今でも行なわれている田植祭また田遊びというのは、私の分類からいうと舞ではない。一種の『わざおぎ』ではあるが手足のわざを主とし、これを東北地方で田植え踊といっている方がむしろあたっている。たとえば庭の雪に畝（うね）を立てて、松葉を稲の苗に見立てて栽（う）える。または人が牛になって餅製の鋤（すき）をもって田をすくまねをする。（中略）『わざおぎ』という言葉はいわゆる芝居の意味に、いまも風雅の人びとは使っているが、ワザの所業であり行動でありまた技術であることは知っていても、オギが招くを意味することは解し得ない人が多い。私の見る所では、ワザによって神をオグすなわち招くというのが、この名称の由（よ）って来たる所であった」と記している。

わざおぎの所作がおもしろければおもしろいほど、神様もお喜びになり、見物参加者らも楽しめるという神事芸能で、これは田楽の流れを汲む田遊び神事である。とはいえ、明日香の地は古来より田畑も少なく、陰茎石は遠くは近畿地方の各地や、四国、中国地方の人びとが子宝、縁結び、厄除け、商売繁盛を祈願して明日香坐神社へと奉納している。

「御田植神事」と表現すると、誰しもが日本列島は農業国であり、稲に依存して生きてきたと思い

伊勢神宮外宮の御田植神事

がちだが、必ずしもそうではない。お田植神事に参加する人びとはもちろん農民や百姓が核をなすのだが、百姓といってもすべてが農事に従事するのではなく、漁撈や狩猟、商業、林業などに手を染める、非農業的な生き方を求めている場合も数多い。柳田國男は「御田植神事」を、農業中心社会の水田耕作者らの祭事と捉えているが、「御田植神事」は、孕み、生むという生産儀式の象徴として捉えねばなるまい。日本列島は農業社会が中心であったという常識がまかり通ってきたのだが、島国日本にはもっと多様な職域が広がっていたのだ。それらの人びとに、生産性の象徴として「御田植神事」が利用されたとみることができる。

御本殿に向き合うようなかっこうで、間口四間、奥行二間の舞台がある。毎年二月第一日曜に、飛鳥坐神社の「おんだ祭り」は行なわれる。正午近くなると翁面を被った青年が、法被姿の草履ばきで境内の人ごみのなかに入る。手には一メートルの青竹を一本持ち、竹の先はささくれている。続いて天狗面をつけた青年もきて、二人して拝殿へと進みお辞儀をする。と、同時に群衆らを睨み、人垣に近づいて、やおら誰かれかまわず片っぱしから力強く人びとの尻を打ちはじめる。尻をたたく風習は一種の厄払い、悪魔払いで、尻をたたかれた人びとは縁起が良いと喜ぶ風がある。

やがて一番太鼓が打たれると、修祓、祝詞となり、その後、翁面の農夫は舞台上で鋤を手に畦切りの所作を行ない、天狗は牛の手綱をとり田を鋤く動作を行なう。黒牛の衣装を纏った青年は、薄暗い舞台を田に見たて、四つん這いになり、蹄に見たてた木片をガタガタと甲高く舞台上に響かせる。畦切り、田均し、畝作り、水口作りの所作が連続する。

二番太鼓が打たれると、神職が籾種を持ち「種まき」の所作となり、それが終わると舞台の袖に飾られた松の枝を苗に見たてて田植式となる。松の枝は一束ずつ根元を白紙で飾り、三〇本が用意されている。それを三列に整然と並べ、苗を植え終えると、一束ずつ拾い、見物衆に投げ与える。その松を持ち帰り、田の水口に突きさすと、農作物に虫がつかず五穀豊穣になると古来から信じられているため、群衆は必死になって松の苗を奪い合う。御田植神事は、農耕の順序を模擬的に演じ、男女のまぐわいを演じることで種つけ、孕み、豊穣などを祈願している。

御田植神事は全国各地に分布しているが、なかでも有名なのが東京板橋徳丸の「田遊び」、大阪住吉神社の「お田植祭」、また出産そのものを演じる土佐安芸郡吉良川八幡の「お田植祭」、また出産のさまをより具体的に演じるとされているのは岡山県真庭の長田神社に伝えられる「御田植祭」ではなかろうか。とはいえ、もっとも古い時代からの伝承とされてきたのが、飛鳥坐神社の「おんだ祭り」

だ。

やがて三番太鼓が打たれると「お床入り」の儀式となる。チョンマゲのボテかつらで、印袢纏(しるしばんてん)姿の天狗が、黒紋付に赤い蹴出し(けだし)もなまめかしいお多福と抱き合いながら入場する。

お多福は女装した男性で、色気を漂わせるように所作を行ない、舞台中央で二人抱き合ったまましゃがみ込む。この二人の道行きから着座に至る間を、介添の翁が盛り上げている。翁は仲人役でもあり、婚礼式となる。お多福は山盛りのお椀「鼻つきめし」を翁から受け取ると、それを膳にのせ、下座の神職に運び恭しく差し出す。と同時に天狗は膳の前に進み出て、一尺ばかりのリンガ形の竹筒を両手でがっちりと握りしめ男根に見せかけ、股を開いてグルグルと振り回し、男根勃起を表現する。神職は「鼻つきめし」に酒をつぐ所作を披露。これを「汗かけ」とよんでいる。

やがて天狗はお多福の手を引き、愛情を示し、口づけを恥ずかしそうに繰り返す。そしてお多福はごろりと寝転び、裾をめくり赤い蹴出しを露骨にみせる。天狗はその上に正常位となり、腕と腕をからませ、しっかりと抱き合い、腰と腰を振り合って性行為を見事に演じる。元来この儀式は「種つけ」を表現しているのだが、お多福はその後、懐中からピンクの「ふくの紙」を取り出し、女陰を拭き、それを丸めて見物衆へと投げつける。この紙を持ち帰って、閨房で使用すれば子宝に恵まれるとも伝えられている。韓国の「別神祭(ピョルシンジェ)」でもムダン（巫女）たちによる種つけの儀がある。

かつてはこの「おんだ祭り」には大ぜいの人びとが犇めき老若男女が集まったというが、いまでは奇祭珍事の対象となり、冷やかす集団がバスで駆けつけるようになってきた。陰茎石もその目当てだが、それも時代の変貌によるものだろうか。いずれにしろ「おんだ祭り」は、古代からの民衆の稚気満々たるユーモアに溢れた祭事である。

三　大県神社・田県神社の豊年祭

山梨県や長野県には陰茎石を御神体とする神社も数多くあるが、愛知県では山の中腹にある女陰自然石を「女陰磐境(いわさか)」とよび、それを御神体とする神社がある。愛知県犬山市宮山の大県神社は「姫の宮」と呼称され、特に御婦人方に厚い信仰がある。この大県神社の豊年祭を「陰の祭り」とし、一方、愛知県小牧市大字久保一色の田県神社の豊年祭を「陽の祭り」と呼称する。

ふたつの祭事は共に三月十五日の春祭りとして近郷近在の人びとから注目を集めてきた。田県神社の御神体はずばり巨大な木彫男根で、これが神輿となり、沿道を凱旋する。

田県神社の境内には男茎形に彫刻された石がふたつ並び、奉納殿には氏子らによって奉納された大小無数の木でできた男根が勃起形になり山積みされている。

性器を崇拝する祭りは、天地陰陽の和合を表現すると考えられ、中国の易学から伝えられ、それが祭りのなかへと取り込まれたのだろう。日・春・南・昼・男を陽、月・秋・北・夜・女を陰とする陰陽道を中心とする、陽と陰が合体して、はじめて万物をつくりだすことができるという思想を反映しているのであろう。田県・大県神社の豊年祭は、もっとも原始的な予祝の行事を端的に意味しているのだ。

四　ゲーター祭り

三重県の鳥羽から小舟でおよそ一時間、大小さまざまな島々を、天然の箱庭をみる思いで過ぎゆくと「歌島は人口千四百、周囲一里に充たない小島である」という書きだしで始まる三島由紀夫の小説『潮騒』の舞台となった神島に着く。

神島は古来より神の住む島とされ、伊勢神宮の沖の島と伝えられてきた。島の中心に小高い山があり、その頂に八代神社がある。神社には平安期を中心とした、祭器とされる古鏡が七十数面残されている。「阿波の鳴戸か銚子の口か、伊良湖度合がおそろしや」と歌われるように、神島近辺は地獄の海と恐れられ、昔は遭難者が続出した。そのためむかしもいまも八代神社には遭難防止を願う奉納品が多くみられる。

ゲーター祭りは毎年大晦日から元旦にかけて行なわれる。当日の夕方、頭屋となる「宮持ちの家」に集まった子供たちは、笊(ざる)一杯に盛り上げたみかんを手に、二組に分かれ全町内をくまなく回り、一軒ずつ家々を予祝する。戸口までくると「モローモ」と囃し、家人は「ドーレ」と応えて戸を開ける。子供らが「福の神が参りました」と大声で囃すと、家人は「オット・メデタイ」と挨拶する。「モローモ」とは「ものを申し上げる」という意味が込められ、かつては頭屋が予祝の言葉を述べて門付けしたが、いまは子供らに代わったらしい。

島には「宵のモロモに夜中の不動、明けてベロレン」という言葉も残されているが、これはゲーター祭りの順序を示し、夕方はモローモのみかん配り、夜中は薬師堂に安置する波切不動の墨絵の巻物をひろげ、明け方のベロレンは、元旦のゲーター祭り、つまり日輪を打ち落とす行事をさしている。

一方、頭屋では古老たちや青年、それに八代神社の宮司ら二十数名が集い、全員、日の丸の鉢巻をきりりと締め、酒をあおり、汗を流して「日の御像（みかた）」とよぶ大きな輪をつくる。これは「日輪」を形成するもので、グミの枝を幾重にも束ね、ちょうど六月祓（みなつきばらえ）に用いるような茅の輪である。直径は一メートル二〇センチはあるだろうか。輪が完成すると、純白の和紙を全体に巻きつける。さらにその上から白い麻布を強く巻く。それは日輪であると同時に女陰を象徴している。やがて除夜の鐘が神島一帯に響きわたると、すべての祭りの準備は終了する。

明けて元旦の五時。まだ暗闇の世界であるが、海岸の波濤は白く大きくうねって打ち寄せてくる。そんな頃、白装束の若者たちは三々五々と頭屋に集い、日の御像を高々と空に掲げ、ワッショイ、ワッショイと揉み合い気炎を上げ、東の浜へと下ってゆく。東の浜では手に手に「女竹」という五メートルの竹竿（これは神の依り代とされる）を持った勇壮な男たちが輪の到着をいまかいまかと待っている。その数は四、五〇〇人に達している。観光客も参加しているのだ。

白衣の男たちに掲げられた日輪は、坂の上から雪崩れ込むように、竹竿のなかに分け入る。と同時に女竹の男たちは襲いかかるように犇（ひし）めき合って、竹竿をしならせながら日輪のなかへと竹竿を突く。みるみるうちに日輪は数百本の竹竿によって突きさされ、空を舞う。まさに性的儀礼の具現だ。日輪は海神をかたどった女神であり、その女神に、長く鋭い竹竿である男根を突き通すことによって豊漁祈願を行なうとされる。また島に伝えられる説によれば、一年でもっとも太陽のエネルギーが衰えるこの時期に太陽に活力と精力を与え、太陽の霊魂を励ますのだという。また一方では、天にふたつの日輪があるのは凶事なり、という古事にならった祭事だとも伝えられる。いずれにしろ、このゲーター祭りは、南北朝の頃を起源とする祭事である。

女竹が華麗に乱舞したあと、東の浜には、初日の出がぽっかりと顔をのぞかせる。

五　韓国の祭りと性

一九八八年と一九九五年の五月末から六月はじめにかけて二度、韓国の東海岸に面した江陵（カンヌン）という港町へ行き、「端午祭」（端陽祭とも）をロケと調査で取材した。この祭りは、日本や韓国に共通する「端午の節句」だが、その本源は中国に端を発している。

韓国の端午祭は山神への信仰を表現すると伝えられ、ムダン（巫堂）という職業的なシャーマンらが祭りの核をなし進行する。おおまかに端午祭の形式を説明すると、まず旧暦の四月十五日頃に、大関嶺（テグワンリョン）の城隍堂（ソナンダン）（民間信仰の村の守り神、その神堂）にムダンらがきて、堂に供物や神酒を供える。そしてムダンたちは城隍堂近くの山の中へと入り、樹木の前で鐘を叩き、入神し、呪文を唱える。これらの一部始終は信者には公開するが、一般の人びとにはみせることはない。祈願が深くなると、震えだす木の枝があって、その枝が依り代となる。ムダンは斧でその枝を切り取り、信者らの厄除けの品々、例えば衣服や、干し鱈、白紙等々をこれに結ぶ。それが神竿となる。

日本の場合も柱や棒、榊、幣束などを神竿とし、盛土や塚や山、餅等々に突き立てるの性のは、和合を祈願するものだが、ムダンが伐採した枝も、やはり柱、棒、榊などと同じ依り代としての神竿となる。幣束は、我が国では神の依り代として一番多く普及しているが、御幣（おんべ）もまた幣束と同じ意味をもち、御幣が大きくなれば梵天になる。端午祭でもっとも重要な祭具は、その神竿である。この神竿が、江陵の市街地を流れる南大川（ナムデチョン）の河原に位置する祝祭クッ（巫祭）会場へと運ばれるのだが、途

韓国・江原道江陵の「端午祭」。城隍堂の前で入神し、呪文を唱える賓順愛 巫女

中で村里に立寄り、村々の城隍堂（これらは女神とされる）に何泊かして、祝祭当日まで何日もかけ運ばれることになる。村里の信者たちは、その神竿に次々と厄除けの品々を結びつけるわけだから、徐々に神竿は重くなってくる。現在では形式的になり、また一方では交通問題があるため、途中は車に乗せて運び、村里にくるたびに車から神竿を下ろし、城隍堂へと宿泊させる。この場合、城隍堂は女神であるため、堂の入口を開放し、城隍堂に神竿が突入することでまぐわいを成立させる。

これには男神と女神を一年に一回引き合わせ、一体化させ、結合することで、山神の威力が村里に活力や、精力を与えるという、聖婚の意味が託されている。それはちょうど田植が終わった時期に重なり、いよいよ娯楽の本番となる。そして祝祭日になると河川敷に仮設テント小屋をつくり、その祭壇に、神竿をお迎えして、祭壇前を舞台に、巫覡クッが華やかに披露されるのだ。

一九八九年の二月、韓国の東海岸に面した慶尚北道(キョンサンプット)盈徳郡(ヨンドクグン)寧海面(ヨンヘミョン)糸津(サジン)へ「土俗の乱声(らんじょう)」という記録映画をつくるためロケに入った。糸津には韓国の代表的な祭り「別神祭」があったからだ。近年祭りにはたいへんな資金がかかるということもあってか、七年ぶりの別神祭ということだった。

私たちはその場の民家に宿を借り、一週間ばかり滞在した。別神祭は〝ピョルシンジェ〟と韓国語で読むがピョルは星を意味している。中石南巫女(シンソクナムムダン)（人間文化財）を中心に、巫堂、囃し方など総勢一二、三名が江陵から招かれ、三日間にわたって祭りが行なわれた。糸津は東海岸に面した漁村で、山を背に、眼前の海は荒れ狂い、バスは一日二本という辺境だった。戸数は四、五〇軒あるだろうか。

祭りの第一日目は、山の祭場にムダンの一行が集う。祭壇は一本の黒松を中心とした、わずかばかりの空間だった。村の人びとはその場をハラボジ堂とよび、始祖神や祖先神を祀る神聖な場と云々していた。黒松には注連縄が巻かれ、村の長老らがその前に額づき、賓順愛(ピンスネ)さんというムダンがお囃しにのり、舞いながら干し鱈をちぎり方々へと投げている。それは厄払いのお清めであるらしい。干し鱈はクッに欠かせないものだ。黒松は御神木で、祖先神はその木に宿っている。その霊を青竹に移し、海を望む丘へと青竹を中心にして一行は下り、丘の上で「真鍮(しんちゅう)甕(ノットンニ)クッ」を披露する。これは米粒

韓国・安東の河回仮面戯。妾を演じる男（写真・小澤こう）

を入れた真鍮の大きな鍋をムダンが口にくわえて、神霊の力を顕すというクッである。ムダンは口元から血を流し、村人らに、鍋のなかへ早くカネを入れろと催促する。ムダンらの一行は、演じ、舞う芸を披露することで投げ銭を要求しているのだ。（本書一七頁の写真参照）

その後、海辺の仮設テントで、二四時間ぶっ続けで、三日間、仮面戯（タルチュム）、寸劇、舞などの娯楽を一三番から二〇番ぐらい提供する。ムダンらは世襲巫で宗教職能者であるが、言うならば放浪芸能集団とも解せるのだ。

テントの客は、おもに老婆たちが目立ち、二〇〇人近くを収容しているだろうか。老婆らは日頃の生活から解放され、酒をかわし、歌い、笑い、底抜けに明るい。特に仮面戯は、色っぽく、泥くさく演じられるため仮設テント内は騒然となったのが印象的だった。しかし糸津は漁村だ。そのため海難事故は付きものである。祭りの期間は、船を陸（おか）に上げ一切漁に出てはならないことになっている。そのため漁船が数十艘陸に並べられている。

祭りの三日目、祭場を仮設テント小屋から、海辺の船の前へと移し、「龍王祭」を行なう。各船の前に亡者床という白い布を敷き、祭場とする。その亡者床には海幸山幸の御神饌が数多く並べられ、四〇センチ前後の藁船も置かれている。ムダンらはその漁船の前で、扇を広げ、舞い、水壺の上に立って舞い、祈り、海で遭難した漁民たちの死霊を祀る。漁村では特にこの「龍王祭」が重視される。それは龍王を海をつかさどる神として崇め、大漁と海難防止を祈願し、海で亡くなった人びとを供養するためだ。

龍王とは天空に存在する神であり、天と海を支配する絶対神である。空に住む龍王は男性神であり、海は女性神だと言い伝えられてきた。天空と海が、いつも上手にまぐわっていたならば、遭難はなく、大漁につながると漁村では考えられてきた。しかし天と海が、よこしまなまぐわいを行なえば、海は荒れ、遭難者が続出し不漁となる。

そのためムダンらは、龍王が荒れ狂うことを鎮め、海で亡くなった人びとの魂を供養するため、亡者床に供えた御神饌を藁船に乗せ海へ流す。そして船主らも、ムダンに続き酒や肴を海へと流す。この龍王祭こそ、東海岸における別神祭での核をなし重要な鍵となるのだ。そして別神祭の最後には、ムダンらがつくり、舞台を飾った色とりどりの紙の舟、ぼんぼり、祭具などすべてを海岸へと持ち寄り、その祭具の山に火を放つ。漁村の人びとは火を取り囲み、両手をあわせて祈る。

それがすむと、ムダンは青竹の神竿を立て、呪文を唱える。にわかに神竿が震えると、お告げがあったと漁民たちに報告し、何年後の何月頃に別神祭を行なうべきだという神意を村人たちに伝える。こうして祭りは終了する。

韓国の祭りの大きな流れは、はじめに神迎えを行ない、次に神をもてなし、そして最後に神を送る。つまり三段階に分けた構成になっている。しかもその祭りのなかには「性」の重要な意味が託されている。この祭りの展開形式は、日本の祭りと、まったく同じ形式だといわざるを得ない。

六　火と性の祭り

もう随分昔のことだが、火と性の祭りを調査するため、四、五日、長野へ行ったことがあった。松本地方一帯では「三九郎焼」という祭りが各地で行なわれていた。この祭事は、小正月の火祭り行事で、道祖神と左義長が合体した形式をもつ中部地方に数多い祭りであった。

旧暦の正月十五日が過ぎると、門松、注連縄、鏡餅の飾りなどを、各々の村里の道祖神の前に持ち寄り三九郎という人形を中心にそれらを積み上げる。「三九郎人形」は、長さ六〇から七〇センチぐらいで木の皮をむき、削ったもので、男根を思わせるものや、こけしのようなものなどさまざまだ。人形の太さは一〇センチ前後だろうか。墨で、男や女の顔を描き、なかには男人形に性器をつけるものなどがあった。また「道祖神三九郎太夫」とか「三九郎」「道祖神」「福間三九郎」などと墨書きする場合もある。

特に北安曇郡や東筑摩郡などでは性を露骨に表現した三九郎人形が多く、これを男女に分け、二体だけでなく、四体、六体も持ち寄る例もある。この三九郎太夫を中央にした藁の山に火をつける。火が燃え盛ると、小正月に使った色紙や半紙などをくべる。そして村人らは「三九郎！　三九郎！」と囃し、大いに笑う。男根をかたどった「三九郎人形」に火がつき、それが倒れることなく、堂々と立っていると「やった！　やった！」と、男根が勇壮な姿でいることを囃す。

これらの風習は「オンベ焼」とよく似ているが、三九郎焼は人形が中心になるところに特徴がある。三九郎の名称の由来は不明だ。「福守」のことや「力のある男」を三九郎と呼称するのでは、という考えもある。東筑摩地方や南安曇郡では大黒柱などの「柱」を三九郎とよぶ場合もあり、各々の地方や村々で相違や特色があるのだろうが、これを焼くのは左義長の心柱に結びつけた御幣を焼くことを意味すると考えられる。

火が盛んになると猥褻な歌を歌い、鳥追いの歌を歌い、男が女を追う。火の勢力が強ければ強いほど、その一年は活力があると伝えられる。かつては数百カ村でこの「三九郎焼」が行なわれたらしいが、いまは何カ村に残されているのだろうか。

どちらにしろ「三九郎焼」は、冬の黄昏どきに、火を放つことで、人間の営みを包み込む神の籠る山々や森、田畑などの豊穣と、その活力を促すことを祈願する祭りなのだろう。それを男根の三九郎が象徴している。

第十二章　渡来の祭事

一　行基と「布施屋」

奈良の大仏造営の中心人物として勧進に起用され、大僧正位を授けられた行基（六六八―七四九）は、畿内を中心に諸国を巡り巡って、民衆の教化や寺の造営、また池堤を設置し台風に備えた。さらに多くの河川に橋梁架設を行ない、民衆から行基菩薩と称された百済系渡来人である。

また行基は、民衆のなかに分け入って「布施屋」をつくっている。「布施屋」とは奈良、平安時代の調・庸の運搬者や旅行者の便宜を図り、駅路に設けられた宿泊所のことである。その「布施屋」は僧侶たちによる慈善事業で、言うなれば今日のボランティアに該当する。「布施屋」は寺に付属し、国の中央から保護を受けていた。

東大阪市は、昭和四十二（一九六七）年、布施市、河内市、枚岡市の三市が合併することで誕生した。とはいえ、布施はいまも地名がそのまま残され、府下東部工業地帯の一角を形成し、優れた技術を誇る中・小工業団地が犇(ひし)めいている。

その土地に、行基がいまから一三〇〇年のむかし、飢えた人びとや、病気で軀を患った人びとを慰めるため数多くの「布施屋」をつくった。

当時の仏教は貴族、支配階級と手を結び、庶民にとっては無縁の存在であった。しかし、行基は、支配階級のみに密着する仏教に失望し、寺を抜け民衆のなかに飛び込んで飢えた人びと、苦しむ人びとの救済に献身する道を選んだのだった。

二　行基と大仏開眼会

奈良東大寺の毘盧舎那（びるしゃな）大仏開眼供養は、天平勝宝四（七五二）年、盛大に行なわれた。

この一大事業を推進し、総轄したのは百済渡来人であった大僧正の行基である。「東大寺要録」という十二世紀初頭の書物には、その式次第が大変具体的に記述されている。概略すれば「堂内には種々の造花や美麗な刺繍の幡が飾られ、堂の上からは花々がまき散らされた。華美絢爛な演出の中で開眼師が仏前に進み、筆をとって仏像の眼を描き、開眼を行なう。筆の尻に綱縄（つな）がついていて、参集した人びとの手に手に綱縄を持たせ開眼を共に行なった。

その後、大安寺、薬師寺、元興寺、興福寺の四寺からいろいろ異国の珍品が献上された。続いて南門東から種々の奏楽隊が入場する。

大歌久米頭々舞が先頭、その後に続いて楯伏舞、左右大臣以下撃鼓の六十人、そして指揮者四人、唐散楽の指揮者二人、唐中楽の指揮者二人、度羅楽四寺の僧の行道（ぎょうどう）が続いた」とあるが、これらの行列はすべて中国、朝鮮半島、林邑国（現在のベトナム東南海地域や、タイの東部を占めたチャム族の王国）などからやってきた人びとが、大仏開眼式を民族舞踊や、民族楽で彩ったのである。当然眼の青

京都・伏見神社、稲荷のお火焚祭

い胡人もその場にいたと推察できる。高句麗楽、百済楽、新羅楽もその場に花を添えた。

これらすべての開眼供養を指導推進したのが百済渡来人の大僧正行基であった。

三　渡来の伎楽と御神楽(みかぐら)

伎楽はインドやチベットから中国に入り、それが朝鮮から列島へと渡ってきたものである。

推古天皇二十（六一二）年五月には、百済の味摩之(みまし)が、呉の国で伎楽舞を習得し、奈良の桜井に居住していた少年らを集めて伎楽を習得させた。伎楽は今日も奈良の当麻寺、東京九品仏(くほんぶつ)に「来迎会(らいごうえ)」として伝承している。

また一方では御神楽にも注目したい。

旧暦十一月八日は「稲荷のお火焚祭(ひたき)」の日で、全国各地では「吹革祭(ふいご)」「多々羅祭(たたら)」が活発に行なわれ、鍛冶屋、鋳物師がこぞって参加した。しかし全国各地で数多く行なわれたこの祭事も、いまは衰退の一途を辿る。とはいえ、京都の伏見稲荷本社では、現在も盛大に「お火焚」神事を行なっている。

夜になると厳粛な御神楽がある。この御神楽とは宮中で行なう神事芸能で、朝鮮の「韓神」が入る。

その歌舞は、

三島木綿(ゆう)肩に取り掛け
われ韓神の
韓招(お)ぎせむや韓招ぎせむや

と、歌われる。つまり朝鮮の韓神は、宮内庁に坐す神として祀られてきた。

さらに、大仏開眼の史料には唐散楽についての記載があったが、この散楽は中国で発達し、物真似、奇術、軽業、滑稽物などを音楽伴奏を伴って行なうもので、特に民衆に親しまれた。

当然のごとく、散楽は朝鮮半島全域にと広がり、漂泊の芸能集団である広大(クワンデ)などに受け継がれた。広大とは「仮面」または「芸人」と同義語で、人形劇、仮面劇、曲芸パンソリを演じる芸人たちの蔑称でもあった。

時代は下り、広大(クワンデ)は高麗時代中葉から後期にかけては、楊水尺(ヤンスーチョク)、禾尺(ファチョク)、白丁(ペクチョン)という呼称となって受け継がれるが、彼らは芸能の傍ら屠殺を業とするに至る。

奈良時代には朝鮮半島から散楽が列島へと伝えられ、田楽や猿楽などに伝存される。田楽は民衆の農耕儀礼として行なわれる芸能だが、歌舞だけでなく、曲芸なども活発であった。日本列島各地に残される里神楽、豊年祭、鹿踊（ししおどり）、獅子舞などの祭事はその系譜に入る。

広大、楊水尺、禾尺、白丁の流れは列島では傀儡（くぐつ）や、各地のデコ、デクなどの人形芝居に影響を与えている。

つまるところ日本列島は、東アジア全体の文化を受容する、袋小路の行き止まり文化圏だと言えるだろう。日本列島に一旦入った文化は、抜けて行く場がなく、中国や朝鮮半島でなくなった古代の文物が、列島で発掘、発見される場合も多い。ソッテ（鳥竿）はその一例だ。

列島のオモシロイところは、例えば高句麗や百済から入った獅子舞ひとつを取り上げても、その土地土地の風土と習慣に裏打ちされ、大変変化に富んでいる。新潟の獅子舞と四国、九州、沖縄の獅子舞を比べると、獅子の表情、体軀、舞い振りなどに大きな違いがある。

朝鮮半島から渡来した祭事や芸能も、雅楽は宮内庁や寺院に伝承され、散楽は民衆芸能として私たちの生活のなかで親しまれている。

第十三章　漂泊の人形遣い　傀儡の謎を追って

はじめに

一九九五年五月に長編記録映画「恨（ハン）・芸能曼陀羅」が二年半の歳月をかけ完成した。九月に東京を皮切りに上映会を開始。以後二年ぐらいをかけて各地を巡映し、ゆくゆくは日本を一周させたいと考えている。

この作品をつくることになった動機は、過去の私の作品群に貫通する歴史の「恥部」に光を当て、弱者と位置付けられてきた人びとこそが、本来的には民衆文化を支えてきたという、その逞しさを浮彫りにさせ、被差別部落のルーツを傀儡（くぐつ）の足跡を通して辿るということであった。

その上で、日本という列島は単一民族で構成されてきたわけではなく、渡来文化が凝縮する吹き溜まり文化圏であることを再確認したいと考えたのだった。

私は過去に「日本の祭り」をテーマに、各地を駆け回り、地べたを這い蹲（つくば）るようにして、テレビや短編でおよそ二五〇本以上の作品を構成・演出した。それらを通して、日本の各地に朝鮮三国、高句

中国・上海崇明島で扁担木偶戯（『西遊記』）が木偶によって演じられている

韓国・ソウルの男寺党が演じる人形木偶「コクトゥ閣氏ノルム」

新潟県佐渡の「のろま人形」。野趣豊かに農村で演じられる

同上の「のろま人形」。手足を動かす紐が垣間見られる

麗・新羅・百済の文化が色鮮やかに残されている実像が垣間見え、同時に伽耶の文化までが浸透していることに驚嘆したのだった。もっと具体的に言えば、列島には朝鮮三国と伽耶の神社が存在し、信仰、民俗、習慣に至るまでが古朝鮮に通底し、出土品の多くが朝鮮渡来のものだということに気付かされた。

二十数年このテーマを温め、「神々の履歴書」そして「土俗の乱声（らんじょう）」、「鉄と伽耶（かや）の大王（おおきみ）たち」を立て続けにつくった。その衝動の動機は、いまも日本人の心にくすぶる皇国史観の亡霊ともいうべき朝鮮人差別意識を鋭く衝く、というものだった。

と同時に、祭りのなかに潜み、のたうちながら雄叫びを上げている修羅の巷を垣間見たのだった。それは差別をもろに受けている祭事の現場であった。祭りは一見華やかに、そして円満に季節の句読点として挙行されるが、その裏側では欺瞞と中傷が渦巻いていた。

特に人形戯や傀儡戯をもつ芸能の故郷に、その根拠が確認できた。本来、祭りは歴史と生活を背後に潜ませ、修羅の現実を直視させる。その上で想像を誘発させるが、想像を越えたところにこそ、歴史の真実が隠されているものだ。

私は以上のような作品を通して、結果的には一九九五年までに二十数回、韓国へロケに出かけた。そんな経過のなかで、韓国の放浪芸である男寺党（ナムサダン）の「コクトゥ閣氏（カクシ）ノルム」という人形戯に注目した。列島の傀儡戯とコクトゥ閣氏ノルムはどこかで揚棄するのではと考え「恨（ハン）・芸能曼陀羅」を撮ることにしたのだった。

一 『傀儡子記』にみる傀儡

傀儡は中世の頃に活躍した漂泊芸人だ。

諸芸に優れ、貪欲な知恵者で、要するに油断のならない人形遣いと考えられる。女性は傀儡女（くぐつめ）と呼称され、彼女らが唄った今様を後白河法皇が編纂して『梁塵秘抄（りょうじんひしょう）』ができる。傀儡女はそこに遊女として登場している。彼らは旅を棲家に放浪、各地を遍歴、寺社や村里に出没し、その異様さは他に類例を見ないと記述されている。

平安時代後期の漢学者で歌人でもあった大江匡房（おおえまさふさ）は『傀儡子記（くぐつき）』にこう記す。

傀儡子は、住居や家を持たず、水草を追い、移動して、大変北狄（きたのえびす）の風俗に類似。男は弓と矢と馬を使い、狩猟を行ない、ある者は両刃の剣をもてあそび、傀儡人形を舞わせ、手品や奇術の模倣を行なう。

一人前の女になれば、愁顔（うれいがお）で泣く模倣をして、腰をみだらに振って歩き、妖しい媚態で男を誘惑する。父母も誠実な愛もなく、行きずりの人に逢うと、容姿もかまわず一晩の契りを結ぶ。自ら放浪し、上に王侯がいることも知らなければ、傍らに村長がいても怕（おそれ）たりしない。課役、税金がかからないので、その自由を楽しんでいる。

この記録は大江匡房が自ら進んで取材調査したのか、それとも巷の風聞を拾集したものか、それは

『洛中洛外図屏風』にみられる室町時代の京の傀儡の様子（米沢市教育委員会所蔵の上杉本から。〈映像ハヌル製作『恨・芸能曼陀羅』のパンフレットより〉）

わからない。けれどもこの記述で私が大変興味をもったことは、クグツやクグツメは大陸の風俗におおいに似ていて、人形を舞わせ、手品や奇術を行なう放浪の雑芸人だったという点であった。

中国では人形戯を傀儡戯と記し「クェイレシイ」と読む。クェイレシイはカイライシとほぼ同音で、朝鮮ではクェイレシイをコクトゥカクシと発音する。

かつて柳田國男は「クグツは中世の頃、渡来したと考える。ほぼ立証の拠（よりどころ）有り、韓（朝鮮南部）の地に同型の巫民（カンナギ）や巫女（ミコ）を求め候ば自然の順序にこれ有るべく候」と南方熊楠に手紙を記した。つまり柳田は、傀儡は朝鮮南部からの渡来漂泊者でムダン（巫女）などの芸人集団だと考えていた。このふたつの文面に私は注目し、まずは朝鮮の人形戯と、日本の傀儡戯の関連をできるだけ具体的に調べることにした。

クグツを演じる金久美子と荒井紀人（長編記録映画「恨・芸能曼陀羅」より）

映画の構成にあたっては、幸いにも「洛中洛外図屏風」があったので、それを参考にして、クグツ・クグツメを蘇生させることにした。クグツ役には俳優の荒井紀人君のヨーロッパやアメリカで大道芸を披露してきた実績を高く評価し、起用した。クグツメ役には新宿梁山泊の舞台俳優で、近年では韓国の映画にも数多く出演している金久美子（キムクミジャ）さんを起用した。人形製作や衣裳は、長野県在住の金澤侑光氏に依頼した。

日本には人形戯を継承してきた村里や、人形芝居を祭りで行なう場は数多く存在するが、映画では極力傀儡戯の古態を残す集落に的を絞って撮影をすることにした。

日本各地に残される人形戯から、佐渡ののろま人形から九州大分の傀儡戯に至る九つを記録したが、ここではそのうちのいくつか興味深いものを紹介しよう。

二　天津司(てんづし)祭りと傀儡

山梨県甲府盆地の小瀬(こせ)町に、ひっそりとはにかむようにして天津司神社が肩をすくめている。その小祠に九体の古代傀儡が御神体として安置される。

毎年四月十日に「天津司の舞」が行なわれ、御本殿から九体の傀儡人形が取り出される。そして「オカラクリ」という人形の組み立てを行ない、衣裳がつけられ入魂の儀を行なう。

人形は全長一メートル余、胴は小さな木箱で、胴の下には角棒があり、それを胴串(どぐし)といい、持ち手とする。衣裳をつけ、その着物の下から手を入れ、差し串によって首や手の動きを操作する。

傀儡人形はビンザサラ役が二体、腰太鼓役二体、笛役一体、鼓役一体、御大刀を手にした鹿島さまが一体、姫さま、鬼さま各一体の合計九体である。

傀儡人形は、天津屋敷という一七戸の家によって代々手厚く守られ継承されてきた。一七戸の家々は呪芸者か、または平安期からの傀儡に深い繋がりをもつと推察される。

オカラクリの儀が終わると道行になる。九体の人形らは赤い布で顔が隠され、楽を奏す大太鼓や笛の楽人らと共に整然と行列が組まれ、道楽を奏して、うららかに進み、一キロばかり先の下鍛冶屋(しもかじゃ)の諏訪神社へと御成りになる。九体の人形は、平安から鎌倉にかけての時代に、各地でもてはやされた「傀儡田楽」の貴重な名残りとされ、国の重要無形文化財の指定を受けている。

私は天津司神社入口の石柱に、九曜紋(くようもん)が刻まれ、傀儡人形も九体であることに注目した。諏訪神社

山梨県天津司祭り。御舟囲という幕（結界）のなかで九体の古代傀儡が舞う

天津司祭りで御大刀を手にした鹿島さま

の境内にはクグツが舞う「御舟囲」という白幕が円形状につくられている。その白幕にも九曜紋が鮮やかに染められていた。

九曜紋とは吉凶を占うもので、九体の人形は俗に「九曜」を表現すると代々伝えられてきた。九曜は大きな星を中心に、それを囲むようにして小さな星が八つで九曜を表現している。それは日・月・火・水・木・金・土の七曜星に、羅睺（らご）・計都（けいと）の二星を加えたもので、古代中国の陰陽道から伝えられたものだ。

九曜紋をつけた神社や旧家などは、かつては陰陽道が栄えた場で、そこには陰陽師がいて吉凶を占ったとされる。小瀬の天津司や下鍛冶屋界隈はそんな環境になっていたのだろう。

そして風土的背景としては、小瀬や下鍛冶屋は擂鉢（すりばち）状の底のような土地になっていた。笛吹川が一旦氾濫すれば、集落は薙ぎ倒され水浸しとなる。明治の頃には、風水害に襲われて祭りは一時は廃絶した。

そのため激しい風水が襲えば、いつでも避難できるように、近年まではどの家にも軒下に小さな舟が吊るされていたという。

つまりクグツらはそんな悪条件の川筋に何らかの形で定住し、陰陽道による加持祈禱（きとう）を行なってきたのだが、飢餓と疫病の時代もあって、差別を受け賤視されたのだった。

映画ではそんな歴史的背景を標榜しつつ、鈴の宮とも呼称される諏訪神社で、天津司舞を追ったのだった。辺りは桜が咲き乱れ、霞む連山に包まれるなかで、御舟囲いを舞台に人形の顔を覆う赤い布が外され、「一のささら」「二のささら」「一の太鼓」「二の太鼓」「一の鼓」「一の笛」「お鹿島さま」「姫さま」「鬼さま」が、長閑（のどか）な田楽能を演じる。その優雅な舞の世界は、傀儡らが活躍した中世へと郷愁を誘うのだった。

三　古表（こひょう）、古要（こよう）の傀儡

『傀儡子記』に「クグツらには税金もかけられず、その自由を楽しむ」とある。すると彼らにはどこか奔放で、物事に頓着しない性癖、諸芸の自信からくる優越感などがみなぎっていたのだろうか。私たちスタッフは九州に残されている古代のクグツと言われる相撲人形や、八乙女の舞を行なう人形を記録すべく、ロケハンと調査をした上で、大分と福岡に撮影に入った。

平安から鎌倉にかけ、大分県の宇佐八幡宮近くに散所があったとされている。この散所にいたクグツらは八月十五日に行なわれる宇佐八幡宮の「放生会（ほうじょうえ）」に重要な役割を果たし、和間（わま）海上に船を漕ぎだし、クグツ人形である相撲人形に「細男（くわしお）の舞」を演じさせている。この放生会は長年中断していたが、近年復活し四年に一度行なわれている。船を出し、その中に「御舟囲い」の幕を天津司舞と同様に張り、クグツ人形に伎楽とされる「細男の舞」を芸能として演じさせている。

私たちはその放生会を記録することができず、「乾衣祭（おいろかしまつり）」を取材することにした。その祭事においてもクグツ人形らが神社で舞うからだ。

クグツらの祖神は芸能の神とされる「百太夫（ひゃくだゆう）」と考えられてきた。『傀儡子記』にも百神を祀った

と記述されるが、宇佐町にも宇佐八幡の末社となる「百体殿」があった。ここはかつてクグツらがいた散所とされ、百体殿は百太夫社をさすのだろう。社の側前には「化粧井戸」と呼ばれる古風な空井戸が三つあり、これがクグツ人形を清めた井戸だと言われている。私たちは宇佐八幡宮から百体殿、そして井戸を撮影し、その繋がりを求めた。

福岡県築上郡吉富町吹出浜の「八幡古表（こひょう）神社」と、大分県中津市三保区伊藤田の「古要（こよう）神社」には共にクグツ人形が残され、放生会に芸能を奉仕している。

それらは共に海上渡御で人形戯を行なってきたため、クグツらは中国から海を渡り、沖縄を経て鹿児島から入った海人族ではないかとも考察され、また一方では朝鮮の漂泊民だった白丁（ペクチョン）だとも考えられている。何故なら白丁は才男（さいのお）と呼称され、細男も才男と云々されるためだという。

この地は一本の山国川をはさんで、福岡県と大分県の分岐点となるが「古要」「古表」は共に宇佐八幡宮に従属する散所だったと伝えられている。

古表神社には、相撲人形二二体、行司一体、四本柱の四太夫四体、八乙女の舞に奉納される御舞人（おまい）形二〇体の合計四七体が唐櫃に納められて保存されていた。大きいのは四〇センチ、小さいのは三〇センチ、大小さまざまの木像で、太めの胴から脚へかけて一本になった棒人形だった。顔や胴には胡粉が塗られ、それも古い人形だから随分剝落しているが、赤や黒の色彩がいまも薄く残されていた。お舞人形の顔は白く、口には紅が鮮やかに描かれている。人形はいずれも両手は蝶番で止められ、糸で操るようにできていた。
八幡古表神社の乾衣祭では、宮司の熊谷房重氏にいろいろ御世話になり、御指導をいただいた。ちょうど夏の陽射しが強い八月七日で、玉砂利の反射が眼に痛く、熊蟬が耳を劈（つんざ）くように鳴いていた。社殿には色とりどりの豪華な神衣が無数に虫干しされている。それは代々の中津藩主が衣裳を奉納したためだろうか。黒田、細川、小笠原、奥平などの文字が看板に記されていた。

古代の人形はひとがたと呼称し、本来は動かず操作できないものだった。雛（ひな）、天児（あまがつ）、這子（ほうこ）、撫（な）で物はその例で、これらの人形には人びとの疫病や、罪、穢れを人形に託し移して祓い捨て清めるという意味が込められていたと伝えられる。クグツらのデク・デコはそれに比べ操作が可能で、活発に動くところに特徴がある。

『傀儡子記』には「木でできた人形を舞し、手品や奇術の真似をして、それを生きた人間のように見せたりする」とある。つまり傀儡戯を行なう人形は、客を呼び、特技を披露できるもので、躍動させるための操作が自由にできる人形だった。演出の優れたクグツやクグツメらは、神々の座へと招聘され、神々に従属することで、神へ奉仕する娯楽の提供者となったと推察できる。

一方では、クグツメは卓越したエロチシズムの技巧をもった遊女だとも解釈される。それは『梁塵秘抄』三九八の唄に、

男をしせぬ人、賀茂女（かもひめ）伊予女（いよひめ）上総女（かづさひめ）

はしあかてるゆめなみのすしの人
室町わたりのあこほど

と示される。ここでは、男を辞退しない人は賀茂、伊豫、上總のクグツメで、軀中が赤くほてるほどの、夢見心地が好きな人は、室町辺りの陰部が良い、と今様（『蜻蛉日記』）にあって、クグツメらは遊女としての神技（セックス）をもてる象徴だと揶揄している。つまり中世の遊女は、男たちを官能の世界へと、幽閉させるだけの器量と特技を合わせもった女性をさした言葉だったのだろう。

傀儡を調べるなかで、近江の吉富、美濃の青墓、三河の赤坂などでは、クグツメは宿（しゅく）を根拠地にしていることがわかった。その背景には、貴族や旅の客人を相手に春をひさぎ、同時に人形や手品などの諸芸を行なって客人をもてなしていたのだろう。その一方で、国衙領（こくがりょう）と結託することで傀儡戯をより華やかに展開させ、神事芸能への道を拓いていったと解釈したい。

とはいえ、一方では傀儡らは賤民視された側面も否めない。

大分県中津市三保区伊藤田は、古要神社を中心に集落が形成される。吉富古表では、漁業の繁栄に伴い歴代藩主が神衣を奉納、藩の庇護を受けた。ところが古要の伊藤田は、漁業・山林という産業の背景が乏しく、傀儡戯を支えるのみで過疎化の一途を辿るだけとなる。近世以後はデク戯で村を支えたためか役者村と呼称された。近年ではこの地から高名な時代劇俳優が出たが、伊藤田から籍さえ抜いているのだ。

伊藤田の傀儡芸能保存会会長である真辺一氏を二度にわたり取材したが、氏は土地は深い偏見でがんじがらめにされていると肩を落としてこぼしていた。もちろん、氏は差別を受ける側ではない。偏見を受けた原因は傀儡戯をただ単に継承してきたことによる賤視なのか、それとも村起こしの活性化が遅れたためか、その要因はわからない。私はなんともやりきれない気分になった。

現在、神社境内の土蔵には、六〇体のクグツ人形が保存され、そのなかには古色蒼然たるものや、近世以後に製作されたデクらが整然と並べられていた。

連綿と千年にもわたってクグツ芸能を支えてきた伊藤田の集落はいま困窮の極致に立ち、疲弊しきっている。クグツらの故郷とも強調できる伊藤田は、無形文化財指定という形骸化したただ一本の糸にかろうじて繋がっているだけなのだ。

四　西宮の傀儡師

一九九三年初夏に兵庫の西宮神社に権宮司の吉井貞俊氏を訪ね、えびす信仰とクグツについていろいろ取材を行ない、九四年に二度、西宮神社とその付近で撮影を行なった。

かつては西宮神社近くにも散所が存在したらしい。その散所から、傀儡師らは「えびす人形」を手にえびす舞を行ない、寿い(ことほ)で畿内各地を遍歴した。神社近くには立派な傀儡師像が建立されている。そしてクグツらの祖神とされる百太夫社が西宮神社の境内にあり、いまも各地の人形遣いの人びとから崇拝されている。

西宮神社は七福神と、その夷(えびす)が有名だが、えびすは海人族系の漂着神だと考えられている。それが商売繁昌の神となり、庶民信仰に支えられ、えびす神は列島全域に浸透する。クグツらは民衆が歓迎するえびす人形を持ち、諸国を巡り、門付け（かどづけ）して祝言を唱え歩いたとされる。

西宮のクグツらは淡路に入り、淡路人形を誕生させたということを知り、我々スタッフも淡路へと入った。兵庫県三原郡三原町三条は、淡路人形発祥地とされ、この三条という地名は散所の名残り、または異名だと土地の人びとは考えていた。

三条には大御堂（おおみどう）があり、それが百太夫社となっている。社殿を人形研究家の不動敏氏に開けてもらい、百太夫の御神像を中心に、道薫坊（どうくぼう）（これも百太夫と異名同体とされる）、そして事代主（ことしろぬし）とされるえびす神（これは夷の鯛釣りの姿の神像）、そして百太夫の妻と考えられている秋葉神などを撮影した。神社境内には大きな石灯籠があり、その中央上部には「蛭子大神宮」と刻まれていた。

淡路には西宮の箱回しが入った後、享保十（一七二五）年前後には四〇座を数える座元が存在したという。その頃は歌舞伎も盛んで、デク人形と歌舞伎が結合したことで、娯楽としての人形浄瑠璃が人気を呼んだ。デク、デコと呼ばれた素朴で粗末な首掛けの箱人形も、次第に大型化して、二人遣い、三人遣いの人形となっていったのだろう。

淡路に残された史料によれば、明治に入ると人形座も一四座となり、大正になると一一座、戦後には僅か四座となる。そしていまは淡路人形座一座が残されるのみとなったが、その人形操りの高度な技術はたいへん高く評価されている。

安土桃山時代の元亀元（一五七〇）年には、上村源之丞と称す淡路人形一座の始祖とされる人物が、三条に住んでいたという。不動敏氏に、その場所を御案内いただいたが、いまもそこには古い農家があり、何代にもわたって人形師が住んでいたという。三条は言うならば散所で賤視された。人形遣いたちの集落で、そこかしこの各家々に淡路人形が保存されていた。

源之丞は伊予、阿波、讃岐、摂津を地盤として箱人形を持ち諸国を巡った。

九州へは市村六之丞。紀州、大和、河内、和泉へは小林六太夫。そして中国地方、特に鳥取へは淡路源之丞というクグツ師がデクを手に漂泊の旅を続けた。彼らには縄張りがあり、おのれが回る旦那場は協定によって決められ、誰しもが縄張りを破ることはなかったと言われている。

淡路人形の影響によって、やがて阿波の箱回し人形が生まれ、十八世紀末になると、素人浄瑠璃語りであった植村文楽軒によって、大坂に文楽が誕生する。しかしながら、傀儡戯を広げ、芸能の発達に力を注いだ淡路の三条は、いまも賤視されている。

五　鳥取県円通寺のデク回し

淡路源之丞が鳥取に入ったことを知り、その足跡を追って我々スタッフも鳥取へと入った。淡路源之丞が鳥取に入ったのは、江戸の初期頃だと推定される。鳥取には数多くのデク戯が残されるが、そのなかでも最も活発に人形戯を行なってきた円通寺部落を取材することにした。

鳥取市の千代川に、へばりつくようにして肩を寄せ合う、典型的な川筋集落、円通寺部落は、淡路人形を手本にして円通寺人形を誕生させた。

その証拠を、鳥取市の中心に位置する渡辺美術館で発見した。そこに保存されていた古い鄙びた木偶(でく)

偶人形は江戸時代から明治にかけて使用されていたもので、淡路人形の初期のものと同一だったからだ。例えば武者人形や、歌舞伎の演目に使われた老婆の棒人形、なかには精巧に作られたものもあったが、大多数は粗末な素人作りの棒人形であった。その数は二〇体ぐらいだっただろうか。

美術館の学芸員に聞けば、戦後の貧しい時代に、食うに困った円通寺部落の住人が、何回かに分け、現在の館長である渡辺医院の院長のもとへと持ち込み、それを買いとってもらったものらしい。これらの素朴なデクは大変貴重なもので、かつての傀儡らが手にした箱人形を彷彿させてくれる。

円通寺人形芝居の六代目座元である西村清市氏によれば、鳥取には人形座が九座があり、円通寺には二座あったが、いまは一座となる。

かつては「三吉デコ」を中心に正月の予祝や、家内安全の祝福芸として、門付けに村々を訪れたという。因幡人形芝居の特徴は、胡弓、太鼓、三味線の三つの楽器で演じることだ。胡弓は哀調をおびた独特な響きがあって、人形の動きを際立たせる。「三吉デコ」とは、馬の頭を形どった春駒を三吉と呼ぶ地方が多く、そこからきた名称だ。春駒や、三吉デコをもつ全国各地の集落は圧倒的に差別を受ける場所が多い。

寛政七（一七九五）年の「因幡誌」には、千代川流域の生活の一端が記され、そこには「船渡しあり、当村の穢多之を渡す」とあり、人形操りの門付芸人らが船渡しを行なった記録が残されている。

円通寺の戸数は現在六〇軒ぐらい。永年にわたり部落解放運動に積極的に取り組んできた。現在では立派な人形伝承館も完成。これを稽古場として、日夜活発な訓練がなされる。円通寺人形芝居の得意な出し物は、歌舞伎で有名な「白井権八」だ。これは、かつて江戸へ出奔した鳥取藩士、平井権八をモデルにしている。

現在座員は十数名、高齢化が目立つ。人形浄瑠璃の影響を受け、いまでは二人遣い、三人遣いの人形になってしまった。西村清市氏が「さて、あと何年もつことやら……」と嘆いたのがたいへん印象的であった。

我が国には古来から「川筋者」「河原者」という言葉があるが、京都の加茂河原や桂川の流域は、九世紀から十世紀にかけ河原者と呼ばれる日雇労働者や雑芸人が溢れた場で、特に桂川の石原については「雍州府志」巻八に「凡穢多之始」と記され、えたという語が記述されている。これらの河原では、斃牛馬を解き、皮をなめす職人や、その腐った亡骸を清掃する清目、祭礼時に使役される労働者、土木、河川の人夫など種々雑多な職業に就く賤民が徘徊していた。彼ら河原者たちは、仕事にあぶれると、低俗な芸能に身をやつし、物乞いを余儀なくされた。おなごたちは生き抜くために春を売ったとされている。

その背景には律令制の解体を考えねばならない。律令制の解体によって、寺社に従属した雑役、雑伎の徒たちは職場を追放される。その上、土地持ちの農民らからも極度に嫌われ、行き場がなくなり、本所に対する散所を形成する。中世以後における賤民の二大主流は、この「散所」と「河原者」に至るのであった。しかし私が各地の傀儡戯や祭事などを取材して実感したことは、為政者から遠のき、辺境に身をまかせることで、自由に生きる手段を獲得した人びとの群れが、賤民集落を形成したのではないかということであった。辺境に生きるためには芸能を必要とした。クグツはそのなかからこそ

韓国・京畿道安城で夏の夜に興行される男寺党の舞

生まれたと信じたい。

六　韓国の男寺党（ナムサダン）

かつて高句麗には広大（クワンデ）が漂泊した。広大とは仮面、芸人と同義語で、彼らは人形遣いや曲芸、軽業、仮面戯を得意とした。広大とは芸人をさす蔑称で、朝鮮半島全域を自由に往来し、最終的には百済に定着した。広大は、高麗時代中葉から後期にかけ、揚水尺（ヤンスーチョク）、禾尺（ファチョク）、白丁（ペクチョン）という呼称で受け継がれるが、彼らは芸能の傍ら牛馬の屠殺を業とするに至る。

白丁は一四二三年に、政府が非農耕民である禾尺と才人（ジェイン）を共に新白丁として戸籍に編入。以来制度的にも白丁は差別語となる。彼らの職業は柳細工、屠殺、大道芸で、やはり広大と呼称され、女性は遊女だった。

広大や白丁が手にする棒人形を「傀儡（ケレ）」と言い、カイライはこれからきた言葉だと考えられている。

六六〇年、百済は滅ぶが、その前後に広大らは列島へ渡来したと私は考えている。広大の流れを継承したのが、現代の放浪芸人集団「男寺党（ナムサダン）」だと言われている。私たちスタッフは、その男寺党を中心に取材するため韓国・ソウルへと飛んだ。

男寺党の演目は「農楽」を中心とした歌舞で、これはサムルノリという形式で、現在では日本でも有名になっている。次に「ブォナ」という皿回し。そして「サルパン」というコミカルなアクロバット。「ウォルム」という綱渡り。「トゥッポギ」という両班（ヤンバン）（上流階級）を諷刺した仮面戯。そして最後に「コクトゥ閣氏（カクシ）ノルム」という人形戯が演じられた。この六種を行なうことが通例になっている。団長の朴季順（パクキスン）氏（七十歳）は「昔の男寺党は、とても価値を低くみられ、冷や飯を喰わされ、悪口雑言を、何処でもいっぱい浴びせられ、顔を上げて堂々と歩くこともできなかった……」と、はき捨てるように、放浪した時代のことを呟いていた。かつては彼ら男寺党は、風俗を乱すからと、王都であったソウル城内への入場が禁止されるほど過酷な差別を受けた時代があった。

近年、中国山東半島の西県岱野村総将台のりんご畑から、二千年前の傀儡人形が出土したことを知り、我々はその地へ取材に入った。この人形は一メートル九六センチの巨大なもので、首をさし込み、手足が動く人形であり、霊的能力者が操作し、葬儀や、人形芝居に使用されたと学術的に捉えられている。中国では、古代の人形遣いは道士、風水師、陰陽師であったとされる。そして御多聞に漏れず、人形を操る者たちは、ことごとく賤民視され、ここでも過酷な差別を受けていたのだった。

中国・山東半島から発掘された2000年前の1.96メートルの傀儡人形。（映像ハヌル製作『恨・芸能曼陀羅』のパンフレットより）

第十四章　朝鮮半島と日本列島を通底する文化
――芸能の視座から賤民文化の根源を考察する――

一　日本の雑芸能の原点

散楽は雑芸の源流

一九九四年十月に、長編記録映画「恨・芸能曼陀羅」を撮影するため、およそ三週間ばかり中国へ入りました。その折り、四川省の主都である成都に行きました。都合よくその成都博物館に、古代の芸能に関する資料がたくさんあるということなので、それらを撮影に行ったわけです。

そのとき、宣賓汊墓石棺刻画の拓本を見せてもらいました。横幅一・五メートル、縦〇・四メートルぐらいで、博物館の館長の説明によれば、その拓本は二、三世紀のもので雑伎団、雑伎観舞の図ということでした。つまり、この図は散楽図で、剣を空に舞わせる男子図や、女子の舞踊、それに幻術等々が細かく描かれていました。

散楽というのは皆さんもよくご存じのように、曲芸や手品、幻術、滑稽物真似などの雑芸をさし、

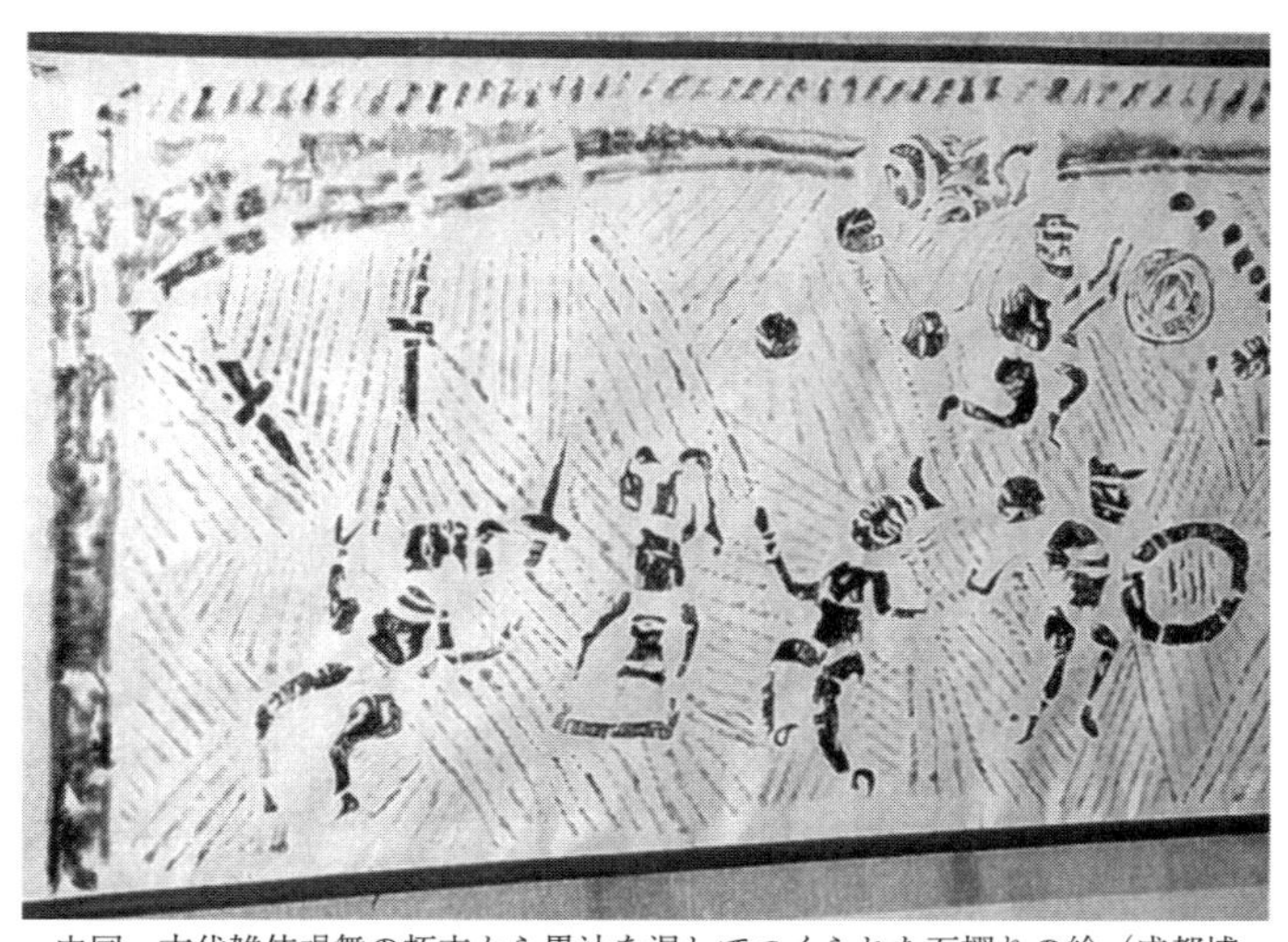

中国・古代雑伎観舞の拓本から墨汁を湿してつくられた石摺りの絵（成都博物館にて。『渡来の祭り　渡来の芸能』より）

その発祥は西域だといわれています。その散楽は中国から朝鮮へと伝えられ、奈良時代に朝鮮から日本列島へと伝えられたものです。特に敦煌の壁画、散楽図は有名ですが、それには軽業などの雑伎が描かれています。中国の『周書』には散楽雑戯という文字が記され、それによって紀元前後の頃には、散楽が中国に存在していたことがわかります。

我が国では、正倉院宝物の弾弓に描かれた「散楽図」や「信西古楽図」、『新猿楽記』に、軽業、曲芸、奇術、幻術、物真似の雑伎が生き生きと描かれていて、乱舞、俳優、百戯とも記されているわけです。

奈良時代の終わり頃から平安時代にかけては、その雑芸人らを養成する散楽戸というのがあったわけですが、平安初期の七八二（延暦元）年には、その散楽戸は廃止され、国家の組織から外されてしまいました。ところがそのことによって、散楽という雑芸は一般の庶民へと流布することになります。そして散楽法師という芸能者が誕生することになります。

曲芸や軽業などは徐々に衰えますが、それはしだいに田楽法師や放下(ほうか)師などの手に移っていきます。やがて散楽は「猿楽(さるがく)」と名称が変わり、この猿楽が鎌倉時代へと引き継がれて、能や狂言を創造する母胎となります。

つまり、日本列島における雑芸は、散楽が原点になるわけで、その散楽は、朝鮮から日本へと入ってきたということをご記憶いただきたいと思います。

韓国のパンソリについて

皆さん、韓国で有名なパンソリについてはご存じでしょうか？　パンソリはかつて漂泊芸の一部で歌唱を中心にしたものだったわけですが、これは十七世紀末から十八世紀初頭にかけて確立したものといわれます。

「パン」は「場や舞台」をさし、「ソリ」は「曲・唱」という意味で、パンソリは合成語なんです。パンソリは唱い手と鼓手の伴奏によって構成された少人数の劇空間で、全羅南北道の湖南地方（栄山江）の世襲巫であるタンゴルが源流とされています。タンゴルとは、ムダン、つまりシャーマンのように聖職者でありながら、社会的にはきわめて厳しく差別される人びとであって、その家系の男子のなかから多くのパンソリ芸人がでています。

彼らは朝鮮王朝、つまり李朝時代（一三九二―一九一〇）を通じて、八賤民のなかに位置づけられて

パンソリの訓練を連日やる最高位の唱劇者・金美貞さん（左）

いました。〈八賤民〉というのは、まずは「白丁（ペクチョン）」、これは屠殺業を行ない、同時に柳器匠でもありました。そして「芸人」、これは才人（ジェイン）や広大（クワンデ）のことをさします。次に「巫覡（ふげき）」、これはムダン、つまりシャーマンのことで、その次に「葬礼時の柩かつぎや墓掘り人夫」がいて、そして「在家僧」と続きます。「妓生（キーセン）」、これは皆さんもよくご存じの「官に仕える舞妓」のことです。次に「奴婢」。奴婢には公奴婢と私奴婢がありますが、これは賤民のなかでも数が一番多いわけです。そして最後に「パンソリ芸人」。パンソリ芸人は、八賤民のなかでも最下層に位置づけられていたわけです。

パンソリといえば、かつては男子のものだったわけですが、いまでは女性の唄い手が圧倒的多数を占めています。

パンソリのレパートリーには「春香歌（チュンヒャンガ）」「興甫歌（フンブガ）」「赤壁歌（チョッピョガ）」「水宮歌（スグンガ）」「裵裨将打令（ペビチャンタリョン）」「江陵梅花伝（カンヌンメファデン）」「卞カンセエ打令（ピョンカンセエタリョン）」「雍固執打令（オンゴジブタリョン）」「日字

打令(タリョン)」「仮神仙打令(カシンソンタリョン)」「沈清歌(シムチョンガ)」等々があります。

パンソリは一八三〇年頃、全羅北道の高敞(コチャン)に居住していた申在孝(シンジェヒョ)によって確立されたと考証されています。それは、流浪の旅芸人であったパンソリ広大らの歌を、申在孝が台本化し、振り付けを考案したからだと伝えられています。私もこの高敞に一九九五年九月に行って以来五、六度調査に入っています。氏の住居の一部がそこに保存されていました。

高敞からほど近い全羅北道の大都市である全州(チョンジュ)は、かつてはパンソリ名人たちの本拠地になっていたところです。全羅南道の宝城(ポソン)は、現在でもパンソリ村と呼称される場所で、多くのパンソリ名人らはここで生まれ育ち、この場から放浪の旅に出たといわれています。

宝城会泉面聆川里(ヘチョンミョンヨンチョンリ)道崗部落は、全羅北道大学国楽科教授である鄭會泉(チョンヘチョン)氏のふるさとですが、氏の一家は何代にもわたるパンソリ名人で、氏の父親や祖父らは、旅芸人だったそうです。氏の話によれば、パンソリ芸人たちはひどい差別でがんじがらめにされ、現代でもなお過酷な差別があるとのことでした。

パンソリ芸人たちは、パンソリ広大と呼称されてきたのですが、パンソリ広大は千数百年にわたって遡って捉える必要があります。つまり朝鮮の散楽から広大が誕生し、広大からパンソリという歌唱が生まれたと考えられるわけです。

日本列島にもやってきた広大

『高麗史』は高麗王朝に関する歴史書で、鄭麟趾(チョンリンシ)らが一四五一年に撰進したものです。その体裁は紀伝体、目録、世家、年表、列伝などからなっていますが、この書には、広大について以下のように記述されています。「広大とは『仮面を用いて戯を行う者』。また一説によれば、賤人、狂隊広大、俳優、花郎（ファラン）、顔に色を塗りたくり化粧する者、これを『広大塗り』という」とあって、広大を乞食（こつじき）の大道芸人と見なしているわけです。

『高麗史』恭愍王（コンミン）五（一三五六）年条には「禾尺（ファチョク）」「才人（ジェイン）」と記されていますが、これらも賤民とされる芸人のことです。この他にも雑芸人をさす言葉に「楊水尺（ヤンスーチョク）」があります。

大切な記述としては『高麗史』列伝崔忠献（チェチュンホン）条に「楊水尺は太祖（王建）が、百済を攻めたとき、もっとも制し難かった者の遺種である。素（もと）より貫籍（かんじゃく）も賦役もなく、好んで水草を逐い、遷徒（放浪）し常（さだめ）が無い。唯、畋猟（かり）を事とし、柳器を編み、販鬻（販売）ることを業とす。凡そ妓の種は、もと柳器匠の家から出た」とあります。

つまり楊水尺も広大と呼ばれる雑芸人であったわけです。その楊水尺も七世紀前後には百済にいたわけで、唐と新羅の連合軍による攻撃にも抵抗し、そして難を逃れ、落ちのびた、ということが崔忠献の条によって理解できます。

私は、百済が滅びた六六〇年前後に、楊水尺、あるいは広大と呼称された雑芸人たちの一部が、日本列島にも渡ってきたのではないかと考えるわけです。

平安後期の漢学者・歌人の大江匡房は、『傀儡子記（くぐつき）』に、「――傀儡子は定まった住居や家を持たない。テントのような仮家で水草を追い、移動して北狄の風俗（蒙古系遊牧民）に類似。男は弓と矢と馬を使い狩猟生活を行なう。ある者は両刃の剣七、九本を弄び、ある者は木でできた木偶人形を舞わし、手品や奇術の模倣をして、それを生きた人間のように見せたりする。――一人前の女になると愁顔で泣く模倣をし、腰をみだらに振って歩き――男を誘惑する――そして一晩の契りを結んだりする――」と記しています。

以上のように『高麗史』や『傀儡子記』にも記述されている水草についてですが、これは莎草というカヤツリグサ科の多年草のことです。この莎草を編めば、籠や笊のような便利な生活用具となるわけです。この莎草は中国、台湾、朝鮮、日本に分布しています。

承平年間（九三一―九三七）に成立したとされる源順の『倭名類聚抄』には、傀儡は、もともと中国の「傀儡」に当たると記されています。中国では人形劇を「傀儡戯」と記し、「クェイレシイ」と読みます。朝鮮では「傀儡」を「ケレ」と読みますが、この「ケレ」は「カイライ」とほぼ同じ発音になるわけです。また朝鮮では人形戯を「コクトゥ」とも呼びます。

日本における傀儡たちは、〈百太夫〉を祖神とする信仰があり、百太夫は芸事の神様になっています。その百太夫社は広く西日本全体に分布し、兵庫の西宮神社や宇佐八幡宮などにある百太夫社は特に有名です。また一説によれば、百太夫神は厚化粧をして、紅白粉をべたべたと顔いっぱいに塗っているそうです。それは広大の「広大塗り」を連想させます。西宮の百太夫神も化粧して、頰には紅白粉を塗りつけていたそうです。

柳田國男は「傀儡の中代の帰化なることは、小生においてほぼ立証の拠有之、（中略）韓地に同型の巫民を求め候は自然の順序に有之べく候」と、南方熊楠への手紙に記しています（『柳田國男・南方熊楠往復書簡集（下）』平凡社ライブラリー）。柳田國男も、傀儡は南韓からやってきたのだろうと捉えているようです。

朝鮮における漂泊芸人の系譜

韓国では巫女のことをムダンと呼称しますが、古代の放浪芸人だった広大は、散楽の流れを汲む雑芸人であって、巫覡の性格をもっています。彼らはまず高句麗にいて、時代が下ると、次第に百済に入ってきたのではないかと考えられます。百済という土地は、古代も現代も海幸・山幸の豊富な場所で、食うには困りません。ですから、六世紀から七世紀頃にかけて百済に定着したと考えられます。

その後、広大らの名称は時代によって楊水尺、才人、禾尺と変わるのですが、漂泊流浪の雑芸人であることには間違いありません。その一部がのちに白丁と呼称されるわけです。広大と楊水尺らの諸芸を引き継いだのが、現代に遺されている「男寺（ナムサ）（社）党（ダン）」です。かつては数多くの男寺党が存在したと伝えられていますが、いまはソウルにひとチームだけがかろうじて残っているだけです。

この男寺党は二五、六名の集団で各地を巡演し、その演目は六つで構成されています。農楽、ブオナ（皿廻し）、サルパン（曲芸）、ウオルム（綱渡り）、トッポギ（仮面戯）、そして最後にコクトゥ閣氏ノルムと呼ぶ人形戯を行なう――これが決まりとなっています。この人形戯も「ケレ」と言い、傀儡戯と同じ性格をもっているのです。

私はソウルで『恨（ハン）・芸能曼陀羅』という作品のために、この男寺党を撮影しました。そのとき、代表の朴季順（パクキスン）氏（七十一歳）は、このように語っていました。「私は両親らと共に旅にも行きましたが、

放浪芸人集団・男寺党の肩車による曲芸（写真・小澤こう）

おじいさんも男寺党にいたので三代目ということになります。十八歳頃からいろんな芸をやって巡演しました。田舎の村の入口には必ず城隍堂（ソナンダン）（社（やしろ）〈各部落の守護神〉）があり、村へ入るにはその前を通るのですが、大概そこでは村人たちから唾をかけられました！」。そんな現実があったことをいまでも鮮やかに覚えておられます。朴季順さんは、差別がひどい時代のほうが生き抜くために必死だったので男寺党も諸芸に優れていた、そして現代（いま）では差別は弱くなったが、芸もまた衰えていると述懐していました。

近世に至るまで、男寺党に対する差別についてはいろんな文献が残されていますが、その代表的なものは李朝時代の御触書です。そこには「男寺党は風俗を乱すため、王都であるソウル城内への入場は禁止さる」と記されています。

朴季順さんのご自宅のマンションにもお伺いしましたが、彼女は人間文化財に指定され、現在もご活躍されていました。

二　牛馬を生け贄にして祀る習俗

殺牛儀礼と芸能

揚水尺、才人、禾尺、白丁と称された広大が芸能を行ない、かつ柳器などをつくっていたことはすでに述べました。次は殺牛に関しての朝鮮半島と日本列島との関連を考えてみたいと思います。

一九八八年一月二十日、韓国の東海岸に位置する慶尚北道（キョンサンプット）蔚珍郡（ウルチングン）竹辺面（チュピョンミョン）鳳坪里（ポンピョンリ）の海に近い水田の土中から巨石が発掘されました。発掘者は権大善（クオンデソン）氏（四十一歳）です。私もその石を見てから、氏を取材しました。発見から二カ月後に、クレーンで巨石を土中から取り出し、城隍堂の横へと運び、石を洗ったところ、その石にはびっしりと克明に文字が刻まれていたので、たいへん驚いたとおっしゃっていました。

それは西暦五二四年に刻まれた「甲辰年碑」で、新羅時代の権力構造や失火によって城が焼けたということなどが細部にわたって記述されていました。それらの文字のなかでも特に注目されたのは「殺斑牛」という部分だったのです。古代社会における朝鮮半島にも殺牛習俗があったということが、それによって裏付けられたわけです。

また、一九八九年四月には、同じく慶尚北道迎日郡神光面冷水里（ヨンイルクンシンガンミョンネンスリ）において「新羅古碑」が発掘されました。その石も調べてきましたが、そこに刻まれた文字は、新羅時代の土地制度についても言及していました。表と裏の両面に文字が刻まれ、裏面に「殺牛」と記されていることがわかりました。多くの学者たちが古語を解読した結果、その「殺牛」という文字は、牛を焼き殺し、生け贄にしたことを意味することがわかったわけです。

韓国には牛頭山（ソモリ）が多くあります。「ソ」は牛で、「モリ」は頭です。日本では「ごず」とも読みますが、牛頭天王といえば、スサノオノミコトのことですね。霊峰といわれる伽耶山も別名は牛頭山です。これは私の推論なんですが、韓国ではどうも牛頭と名のつく地名や山名の場では、殺牛儀礼があったんじゃないかとにらんでいるわけです。

韓国ではいまも「萬寿大宅（マンスウテタク）クッ」が各地でさかんに行なわれます。これは還暦や金婚式を祝福するための祭事（チェサ）で、このチェサにはムダンたちが迎えられ、ムダンらが中心となって儀式を進行させるわけです。

私たちは「土俗の乱声（らんじょう）」という作品を撮影するため、韓国の京畿道、牙山湾（アサン）に近いところで、この祭祀を取材しました。驚いたことに、ムダンらは三種の神器を使用していました。日本の天皇家では、鏡と剣と曲玉なんですが、韓国のムダンは、鏡と剣と鈴でした。祭りの初めに、その三種の神器を使って、『日本書紀』にみられる天の岩屋戸前での天鈿女命（あめのうずめのみこと）の「俳優（わざおぎ）」や「顕神明之憑談（カムガカリ）」儀礼と同じように、天照日神（あまてらすおおみかみ）を迎えるシャーマンの呪術的儀礼を忠実に行なったわけです。金綿花（キムグンファ）さん（人間文化財）というムダンの家にも行きましたが、三種の神器を祀る部屋があり、聞けば三種の神器も一子相伝だと言うのです。

「萬寿大宅クッ」では、本来牛を生け贄にすることがしきたりになっているのですが、経済的に余裕のない家では豚を犠牲にする場合もあるのです。私たちが撮影したときは、牛と豚の両方があったのですが、牛の鼻に針金をさし込み、木に縛りつけようとしたとき、牛は急所を刺されるのがいやで暴れ、わめいたわけです。旅館の前庭での儀式だったのですが、そのとき針金が切れて、その庭を暴れ回って逃げ、ついに高速道路上を北へ向かって走り去ってしまったのです。牛を連れてきた人びとはあわてふためいて、ある者は走り、ある者は自動車で追いかけました。そんな大騒ぎがあって、結局は、牛は屠場で殺され、黒豚が生け贄にされました。それも女性であるムダンがわれわれの眼の前で行なったのです。

韓国・「萬寿大宅クッ」という祝福の祭事で殺牛した頭部を中心に金綿花 巫女が祈りを捧げる（写真・安世鴻）

牛を生け贄にして祭る

古代における牛馬を生け贄にする習俗は、内陸アジア遊牧民系とさらに東南アジア一帯に分布しています。特に馬の供儀は内陸アジア遊牧民に多く、牛と水牛の供犠は東南アジアに多いのです。韓国ではその生け贄を行なう当事者は、広大、揚水尺、そして白丁らでした。日本でも古代から牛馬を犠牲にする儀式がありました。石川県能登羽咋(はくい)、気多(けた)大社近くの寺家遺跡では、生け贄の祭祀跡から牛馬の歯がそのままの形で出土しています。馬歯は八世紀とされ、牛歯は十世紀のものと考えられています。

奈良県桜井市の春日神社前に位置する脇本遺跡でも、馬の頭を奉納したものが出土し、七世紀中頃のものと考えられています。私はこのふたつを撮影しましたが、ほかにも出土した場所は各地にたくさんあります。

『続日本紀』聖武(しょうむ)天皇、天平十三(七四一)年二月条には「二月戊午詔して曰く、牛馬は人に代わり、勤労して人を養う。茲(ここ)に因り、先に明制有りて屠殺を許さず。今聞く、国郡未だ禁止すること能わず。百姓猶お屠殺すること有り——伊勢、尾張、近江、美濃、若狭、越前の国の百姓、牛を殺して漢神(韓神)を祭るに用いることを断ず」とあり、屠殺することを禁じたにもかかわらず、まだ多くの土地で牛馬を犠牲とし韓神を祭っていると嘆いています。

また『日本書紀』皇極(こうぎょく)記七月条には「戊寅群臣相謂えて曰く、村々の祝部の所教の随に、或いは牛を殺して諸々の神を祭る」と記述されています。

京都市右京区太秦(うずまさ)の広隆寺は、新羅渡来の秦河勝(はたのかわかつ)が創建した寺ですね。そこに日本三大奇祭のひとつとされる「牛祭」があります。この祭事は、秦河勝らが、牛を犠牲として「漢神」を祀った古い習慣や習俗が、そのまま祭りになったものと考えられています。また祭文には、疫病、災難を祓う祈願が込められていますので、牛を犠牲にすることで「牛祭」という名がついたのでしょう。

牛を生け贄にして祭るという習俗は、日本の各地に点在していたわけですね。それは先ほどの『続日本紀』の例でよくおわかりのことと思います。しかし、実際に牛を殺して祭る雨乞い祈願は、近年まで各地にも残っていたのです。

和歌山県西牟婁郡庄川というところでは、一九一三（大正二）年の夏に干ばつでたいへん農民たちが苦しみ困っていました。田辺町誌には当時のことが次のように記されています。

毎日、十人が牛屋谷の『お滝さん』と呼ぶ小祠に雨乞い祈願を行なった。その小祠は八坂神社で、祭神は牛頭天王。雨乞いのききめはなく、最後の手段として大正二年八月十二日、牛の生首を滝壺の棚に供えることにした。代表の者は、赤ふんどしに赤はちまき、そこへ牛の角のように二本の扇子をさし、滝に入って、牛の生首を供え、藤蔓で固く結び、後ろも見ずに逃げ帰った。そしてついに八月十九日待望の雨が降る。

私も現場に入って調査しました。そこは小さな滝壺なんですが、たいへん険しい場所でした。赤ふんどしの男性に村落代表ら一五人ぐらいが裃姿で従って行ったそうです。雨が降った翌日には、その牛の生首を取り上げて畑中に埋めたということでした。

韓国・仁川のソノルム・クッ

先ほどご説明したように、「新羅古碑」には牛を焼き殺したという文字があったわけですが、それもおそらく、雨乞いの祈願ではなかろうかと考えるわけです。

韓国各地では「ソノルム・クッ」という祭りがムダンたちによって演じられる場合がよくあります。私は西海岸に面した仁川（インチョン）でその祭りを取材しました。「ソノルム」とは、牛が遊ぶことを意味し、「クッ」は巫祭をさしています。つまり牛の仮装による農事で、親牛と子牛を藁でつくり、その被物（かぶりもの）を男子がつけ、種蒔き、農作業、木臼打ち、雑穀運び等々を百姓と牛たちが一体となって、おもしろおかしく演じるわけです。奈良県明日香村の「御田植神事」と同じ性格をもつ祭りです。日本の田遊びや御田植神事と共通する内容です。これらの祭事は牛が主役で、牛は神さまが授けたものという考え方が、古代から現代まで継承されているわけです。

この他にも日本には「牛祭」はたくさんあります。例えば、熊本県菊池郡合志村の阿蘇新彦神社では、七月十九日の祭りとして行なわれてきました。この祭りの由来は、御祭神が牛に乗り、山また山を越えてやってきたため、その風習を再現したものです。いまでは村落の長老が神牛に乗り村に入ることが習わしです。この神牛と迎える側とが合流することが儀式の中心ですが、この祭りの場合は神である牛を主役に儀式が進行します。また同村天満宮の宮座の頭渡し式（十一月二十五日）も、牛祭と呼ばれています。ここでは牛を座敷の上へあげ、村人たちが牛を神として饗宴直会（なおらい）することが祭りの基本になっています。これらの祭事は牛を敬うという考え方がいまも生きている証拠です。

日本の各地には牛沼、牛久沼、牛谷、牛池などの地名が多く、牛を生け贄にした場所も多くあります。牛は高価なものですから、いまでは小さな藁牛をつくり、それを生け贄に替えるというところもあります。静岡県志太郡西益津村では、昔は干ばつになると、牛を池に投げ込んでいたんですが、いまでは藁牛をつくり、それを投げ込んでいるらしいのです。なぜか牛沼などという地名がつく地には、八坂神社や神明社があるんですね。つまり私たちの遠い祖先は、牛を神として尊重し、同時にまた貴重なエネルギー源として神に捧げたあとでその肉を食していたわけです。

三　韓国漁村の祭りと日本の祭り

韓国漁村の別神祭（ピョルシンジェ）を取材して

一九九〇年三月に、私たちは別神祭を取材するため、韓国の慶尚北道東海岸に位置する盈徳郡寧海（ヨンドクグンヨンヘ）面（ミョン）糸津（サジン）の漁村に入りました。

そこは山襞が迫る海岸線に沿ったたいへんな辺境で、言葉では言い表せないような、寒々とした場所でした。九〇戸ばかりの家々が、山の麓にひっそりと肩を寄せ合うようにして並び、家の前は怒濤が「どどどっ」と打ち寄せてくる東海岸の峻厳な漁師町でした。

そんな鄙びた漁村へ、突然日本人のロケ隊がやってきたわけですから、漁民らはびっくり仰天でした。なにしろ、バスは一日に二台しか来ない、大きな町へ出るのに二時間も三時間もかかるところです。

韓国の田舎に入りますと、おのれが日本人であるということを否応もなく意識させられます。もちろん、それは植民地化の問題があるからです。日本語を小声で話さねばならない、そんな状況もあるぐらいです。いまではもうそんなことはないのですが……。

私たちはソウルからそこに入ったわけですが、目的は別神祭を取材するためでした。その祭りは七年ぶりに行なわれるので、糸津の漁村はてんやわんやで、親戚縁者の人びとで、日頃寂しい漁村も賑やかに盛り上がっていました。西海岸の江原道（カンウォンド）江陵（カンヌン）からムダンの一行一二、三人が、別神祭（ピョルシンジェ）を行なうため招聘されて入村していました。別神祭の「別（ピョル）」は「星」をさします。

かつて別神祭は、江原道、忠清北道、慶尚北道、慶尚南道などにわたり幅広く分布していましたが、日本軍の侵略によって、この祭りさえことごとく奪い取られ、別神祭は激減してしまいました。しかもムダンの一行を迎えて祭りをやるわけですから、経済的にも負担が大きいわけです。めったに祭りはできないという状況があるのですね。

人間文化財のムダン、中石南巫女（シンソクナム）（七十八歳）を中心に、祭りの神棚を飾る船形の紙灯籠やぼんぼりを全員で作っているところを見て、なんだか日本の祭りを取材していた頃がなつかしく思い出されたわけです。

海岸に面した場所には、仮設のテント小屋があって、そこには二、三〇〇人ぐらい収容できるのでしょうか、そのテントが娯楽を提供する舞台となるのです。

翌日の早朝、けたたましいケンガリ、つまり鉦ですね。その音でスタッフ全員が、あわてて表へ飛び出しました。ムダンらの一行と村の祭主たちが、一〇メートル近い青竹の神竿を先頭にして、城隍(ソナン)堂(ダン)とされる神域へ向かって行進します。

小高い丘の上がその場所で、そこはハラボジ堂と呼ばれていました。「ハラボジ」の意味は「おじいさん」で、漁民たちの祖先を祀る神聖な場所になっているのです。そこには注連縄(しめなわ)が大きく張られて縄張りとなり、中心には黒松があり、それにも注連縄を巻いていました。その御神域に祖先神が宿ると考えられているわけです。黒松の前にはアワビ、タラ、ナツメ、リンゴなどの海幸、山幸の御神饌が供えられ、村の長老たちがその前に額衝(ぬかづ)き、若いきれいな賓順愛(ピンスネ)さんという巫女(ムダン)が、ケンガリの音に合わせて、干鱈(ほしだら)をちぎって、神域に投げていました。もちろん巫女が呪文を唱えて舞いながら干鱈をちぎっているのです。

そして、その場で祖先の霊を竹の神竿に移す神降ろしの儀式になります。これは日本の祭りにも共通する神降ろしの儀礼で、韓国ではシャーマンとされるムダンがこの儀礼を自ら行なっています。古代の日本でも、本来は神がかった人びとが神竿に神を降ろす儀式を行なっていました。

別神祭では、たいへんリアルにこの儀式を行ないます。申石南巫女は敬虔に呪文を唱え、長老三人が神竿を立てて、祖先神が青竹に乗り移るのをいまかいまかと待っているんですね。すると不思議なことに、いつしか青竹が細かく震えだすのです。それは手がしびれて震えるというようなことではなく、たいへん微妙に細かく、ぶるぶるぶるぶると震え、止まらないんです。それが神が青竹の神竿に降り、乗り移ったという証拠なのです。

そんなことで神降ろしの儀が終了すると、神竿を丘から降ろし、青竹の祖先神を迎えて、いよいよ祭りへと突入します。

テント小屋へ行く前に、丘の下で、ムダン（巫女）たちがいろいろ離れ技を披露します。申石南巫女がまず焼紙を行ない、周りを清めます。そうすると賓順愛巫女が、真鍮（しんちゅう）の大きな鍋を口でくわえて舞い出すわけです。これは「真鍮甕（ノットンニ）クッ」といって、鍋に米粒を少し入れ、神霊の力を顕わすというクッです。鍋は重たいので、二人の長老がその鍋を支えます。巫女は両手を広げ、口で鍋をくわえ、立ち上がって踊り出します。口は裂けて、血が流れてくるわけです。そして両手で観客たちにお金を要求し、鍋のなかへ金を入れろと迫ります。見物人たちそれぞれがポケットから金を出して、鍋のなかに入れます。たちまち鍋にはお金がどんどん入っていくわけです（本書一七頁の写真参照）。

そんな余興は漂泊芸のひとつで、ムダンらにとっては朝飯前のことです。鍋の近くでは四、五人の若きムダンの卵たちがそれを囃すように舞い踊り、ケンガリや太鼓がガンガンと打たれ、誰もが金を鍋に入れなければならないという仕組みになっているのですね。それが彼らの収入の一部になるのです。巫女や巫覡（ふげき）らのチームワークのよさに圧倒されるわけですが、ムダンらは雑芸を披露して、神がかった様子で、やがて丘を下り、テントのなかへと消えていきます。

テントのなかは、神竿を中心に飾り、祖先神である神をもてなす娯楽の場となります。見物人らが犇(ひし)めき溢れて、誰もがマッコリ酒と弁当を持参します。老婆たちもこの日ばかりは無礼講で、酒に酔っぱらってひっくり返っていたりするわけです。

この場所での出し物は、すべてムダンらの一行が演じ歌い、踊りますが、その内容をおおざっぱにご紹介しましょう。

まず世尊クッ、山神霊クッ、天王クッ、沈清クッ、これはパンソリのレパートリーにもなっています。軍雄クッ、タルノリクッ、コスプリップクッ、華唄（コンノレ）、船の唄、灯籠の唄、龍王クッなど、二一番が三日間にわたってぶっ続けで唄い演じられるわけです。特に仮面劇であるタルチュムは、観客から歓迎され、また破戒僧の舞や、殿様遊びに人気が集中しました。巫女と巫覡らは、三日間交代で睡眠をとり、夜を徹してぶっ通して演じます。ですから神憑して舞うムダンもあれば、荒らくれ男のような人物も芸を披露するといった按配で、さながら旅芸人の一団です。韓国には、このようなムダンを中心にした集団が一五、六あるのではないかと思います。

韓国の小漁村の龍王祭

仮面劇を見物していて気づいたことに関連して、愛知県北設楽郡東栄町、豊根村などの北設楽の東部地方の山里で行なわれる「奥三河の花祭り」について少々触れておきます。

そこでは、民家の神社の境内に、舞戸という舞の場があって、土間を舞台とした神事芸能を行ないます。この舞戸の場を花宿といい、土間の中央に「湯立て」のかまどが設けられ、四方の柱には榊と忌み竹が立てられます。そこで秘法とされる湯立ての儀式が終わりますと、出入口を閉ざす注連縄が張られ、戸口の両脇に神竿が立てられ、降臨された神を宿すわけです。

それから、土俗的な鬼の仮面をつけた舞子が、神座から舞戸に登場します。手には斧や槌を持って、一人か、または四人で舞うわけです。その舞にも振草系と大入系があって、鬼たちは「うちきよめ」「滝払い」など二〇番以上舞うわけです。この花祭りの儀式は、神迎えと神事芸能によって構成されるもので、その根底には、悪霊を鎮め豊作を祈願する、山の民の素朴で意地っぱりな生命力が読みとれるわけです。

韓国の海を中心とした別神祭と山深い奥三河の花祭りを比較することは、たいへん難しいのですが、仮面をつけて舞う祭りの場についていては、双方に通底する内的な構造があることに気づいたわけです。

さて韓国の漁村糸津では、二日目の午後になると、陸に揚げられた漁船群の前が祭場となります。そこに神竿である青竹が立てられます。そして龍王祭が始まります。龍王祭というのは、海の操業で亡くなられた漁民たちの霊を鎮め、これからの豊漁を祈願する祭りです。

ムダンらの一行はここでも大活躍で、楽を奏し、祈り、舞って、一艘ずつの船に祈りを込めます。それぞれ船の前にはゴザが広げられ、祭壇がつくられ、スルメ、エイ、栗、豆腐、トック（モチ）、米、藁でつくられた小さな舟などが飾られます。

そして一艘ずつ、一、二、三艘の船を順番に囃しながらムダンらは祈願を繰り返してゆくのです。〝海の神さま龍王さま……〟といったような言葉が発せられ、大漁祈願を行ないます。藁舟には御神饌が乗せられ、漁民らがそれぞれの小舟を海へ流します。

藁舟に供物を乗せて海や川へ流す祭りは、日本にもいろいろあるわけです。例えば三重県志摩郡大王町波切の「わらじ曳き」では、海難除けを祈願して大わらじをつくり、その上へ海の神さまに対する供物を飾り、それを若者たちが曳き、海へと流します。そのとき老婆たちは岩場の上に、白衣姿で立ちつくし、流れるわらじを追いながら、大漁祈願と航海安全を祈るわけです。そんな祭りは日本では各地にあるんですが、別神祭における龍王祈願は、三重の大わらじ曳きと意味が共通するわけです。

別神祭三日目、この日が最終日です。

仮設テントは取り潰され、がらんどうの鉄パイプの前には海が迫っています。すべての祭り道具は海岸へと運ばれ、紙灯籠や供物はいくつもの山となります。そこに火がつけられ、ぼんぼりや仮面などがめらめらと燃えてゆきます。このさまは、まさしく神送りの儀式なのです。

韓国の祭りを構成する大きな流れは、初めに神迎えを行ない、次に神をもてなし、そして最後に神を送る。つまり、三段階に分けた構成になっているわけです。この祭りの展開形式は、日本の祭りとまったく同じだと言わねばなりません。

そして驚いたことに、ぼんぼりや祭具がめらめらと燃え上がっている前では、悩みをもった主婦や老婆たちが、火のそばに来て、ムダンらにその悩みをうち明けている姿が見られました。火の山は三つ四つとあるわけで、それぞれの火の前にムダンがいて、悩みを聞き、それにこたえているわけです。つまり、「口寄せ」を行なっているのです。その光景は、青森の恐山大祭の祖先の霊を供養する巫女(いたこ)が、死霊を媒介して語る姿とまったく同じ光景だったわけです。イタコは多くは盲目なのですが、ムダンらはそうではありません。

私は若い娘さんに、ムダンに何を聞いたのかと問うたところ、父親が海で死んだので、いまどうしているかと聞いたのだと言っていました。つまりムダンらはイタコと同じ役割を担っていたということです。

佞武多（ねぶた）流しと大祓

別神祭では、漁民たちがそれぞれの家で藁舟をつくり、それを海へ流し、祖先を供養しました。また祭り道具いっさいを火で燃やしたわけですが、次は日本の祭りについて、別神祭と比較して考えてみたいと思います。

例えば青森県の「ねぶたまつり」です。この祭りの起源については諸説ありますが、祭りの根本は人形流しで、七夕の眠流し（ねむりながし）行事です。佞武多（ねぶた）という文字をあてる「ねぶたまつり」は、祭りの直前に禊ぎを行ない、精神潔斎することで神を迎えます。武者人形を竹と紙で灯籠にし、組ねぶたをつくり、そのねぶたを練り出すことで神をもてなし、最後に組ねぶたを海へ流して神を送り出すことが祭りの根本だったわけです。

それが時代の変遷と共に、夏の睡魔であるなまけぐせを追い出すためとか、また人形灯籠で蝦夷をおびきだすための戦略的なものだとか、次第に曲解されてきたわけです。

長野県北安曇郡では、七月七日に「ねんぶり」という祭りを行ないます。この行事には、藁でつくった灯籠を川へ流し、より遠くまで流れるとその年は眠くならないという俗信がありますが、これも七夕の人形流しがその基本でした。また小県（ちいさがた）郡では、七月七日に竹を川に流す行事があって「おねんぶり流し」と称しています。

また新潟県の北蒲原、西頸城地方では「七夕送り」「ねぶた流し」を近年まで行なっていました。これらの祭りは、徐々に演劇的要素を付け加えることで持続されてきました。単に神事だけが中心となる場合は、どうしても祭りが衰退してしまうわけです。

その具体的な例は、群馬県甘楽郡富岡の「凶事流し」です。

富岡というところは、言うならば朝鮮文化が定着した場所で、養蚕と古墳群に代表される土地柄です。ずいぶんむかしのことなのですが、その祭りをテレビ取材したのです。土地の人びとは、誰一人として祭りのことを知らないわけです。つまり高瀬神社の氏子たち数十名だけが、「凶事流し」の存在を知っていて、私たちスタッフも、ほんとうに祭りはあるのだろうかと、とても心配でした。

七月二十四日に行なわれる「凶事流し」は、神道が発達する以前からの古い習慣とされ、各地に分布していたのですが、芸能と結びつかないところでは、ことごとくこの祭りは消滅していったのです。

鏑川という川が「凶事流し」の舞台となります。高瀬神社では、氏子たちが禊ぎをしたあと、境内の栂の木を伐採して、その枝で舟と茅の輪をつくります。氏子たちは舟を持ち、茅の輪をくぐったあと、鏑川へ出ます。そして舟に形代を乗せて、茅の輪と共に川に流します。このとき、氏子ら全員が槍や長刀、それに棒きれを持って川の水面を力いっぱい叩いて悪霊を祓うわけです。

民間に伝承された凶事流しは、実は平安京の大内裏朱雀門において行なわれた「大祓」と同じ形式をもっています。大祓は、六月を名越祓、十二月を年越の祓と呼称しました。『延喜式』によれば、大臣以下五位以上が朱雀門に集合して行なったと記されています。

京都の上・下賀茂神社の大祓や、大阪住吉神社の夏越祓(なつごしのはらえ)、それに地方によっては六月祓(みなづきはらえ)、水無月祓と呼ばれるものと凶事流しは、元来同じ「祓」であったわけです。

宮中や民間でも、共に同じ祭りであったものは、各地にある「御灯(ぎょとう)」や、和歌山県新宮の「お灯まつり」があげられます。悪霊退散を願う大祓が、宮中と民間で共に伝承されていたことは、注目に値します。韓国の別神祭と龍王祭の藁舟の習俗も、言うならば農耕文化圏の産物で、稲を通して伝えられた習俗だと考えられます。

芸能と遊女

韓国の民俗学を開拓した人物といえば、宋錫夏(ソンソクハ)を一番にあげねばなりません。氏の「伝承音楽と広(クワン)大(デ)」(『韓国民俗考』)という論文に、このような記述があります。

> 広大とそれらの種類の芸人に社堂(社党、社長、祀党)がいる。彼らは普通は浮き草のように旅をして、表面的には仮面劇、人形劇、俗謡、舞踊、曲芸をするが、その裏では下男階級を相手に売春を(男子は鶏姦)するもので、広大との関係は後に略述するが、その起源は遥か昔のものである。最近になって寺刹がこれらを利用して、恰も寺奴の観を呈していたが、安城の青龍寺の社堂、南海の花芳寺のチュンメグなどがその一例である。この社堂と平安朝当時の日本の傀儡子が名称は異なっているにしろ、同一のものであるということは、大江匡房の『傀儡子記』にある「傀儡者……」という記述によって知ることができ、また北方狄俗と類似していることもわかる。しかもその後日

本では此の語を木偶にだけ使用して「クグツ」と発音するが、学者の中には韓国の広大がその原語とすることもある。

つまり、日本列島のクグツ集団と、朝鮮の「社堂牌(サダンペ)」は共に旅芸人であって諸芸を行なっているが、その裏では売春をしている、と解いているわけです。たしかに傀儡女は遊女だったわけで、アソビメやウカレメと同じく売春を行なっていたことは大江匡房の『傀儡子記』にも記されています。朝鮮の広大や、現代に繋がる男寺党らも女性は売春を行ない、またムダンである巫女たちも遊女としての役割を担っていたわけです。

古代から中世、そして近世にかけても、旅というものはたいへんつらいものでした。特に女性が旅をするということは、いろいろ身に危険が迫ってくるわけです。それでも旅を続け諸芸を披露できたということは、おのれの軀に神が憑いたという神秘的なエネルギーがそなわっていたからでしょう。クグツやクグツメらは賤民であったことはたしかですが、一方では寺社や豪族、そして後白河天皇にも従属し、娯楽の提供者となっています。そのことから雑芸人というだけでなく、クグツメは卓越したエロティシズムの技巧をもった遊女であったとも解釈できるわけです。つまり、遊女とは、男たちをもてなし、官能の世界へと誘い、その世界に幽閉させるだけの器量と肉体的な特技を合わせもった女性をさした言葉だったのではないかと私は考えるのです。

クグツメらは、近江の吉富、美濃の青墓、三河の赤坂などで、宿(しゅく)を根拠地にしていたわけです。その背景には、貴族や旅の客人を相手に春をひさぎ、同時に人形や手品などの諸芸を行ない、客人を遊

韓国・安東で仮面舞踊を演じる芸人たち。共に男性（写真・小澤こう）

ばせる性格があったのだと思うのです。

熊野の比丘尼（びくに）は女性の出家修行者で、熊野の神を奉祀して放浪し、厄除けの牛王宝印や牛王宝命と記された護符を売り歩くのですが、この比丘尼もやはり歌や諸芸を行ない、諸国を遊行して、ついには春を売るわけです。朝鮮の巫堂（ムダン）や、寺から追放された伎楽人なども、やはり春をひさぐことによって生計の道を立てています。男寺党に対しては女寺党（ヨサダン）が存在したわけですが、男が男娼であったことに対して、女性はやはり春をひさいでいたのです。

日本にもクグツメらだけではなく、古代末期から中世にかけては、寺社に属し、雅楽で歌舞を行なった白拍子や、または京に居住しながら貴族や上皇の酒席を共にした白拍子などもいたわけですが、その白拍子らも遊女となって放浪しています。これらのことをいろいろ考えますと、遊女イコール賤民とは捉えることができません。つまり、遊女とは雑芸で身を立て、同時に教養もあったわけで、遊女になることにたいへん憧れた一般の女性たちも多くいたであろうと推察できるからです。ですから遊女たちは賤民視された側面ももち、同時に貴族らからも歓迎を受け、手厚く迎えられたという両面があったと理解できるわけです。それゆえ遊女と芸能は切り離しては考えることができません。

四　朝鮮から伝わった星の信仰

星の信仰と文化の流れ

最後に「星の信仰と文化の流れ」について考えてみたいと思います。

古代の高句麗では、北方の空に輝く北極の星座を中宮と呼んで、高句麗の人びとはそれを最高の神と信じました。つまり北極星座は天帝の住む場所と考えられ、北極星すなわち北辰は、天皇大帝の化現と信じられていたわけです。

高句麗族は元来扶余(フヨ)族系とされていましたが、紀元前一世紀中葉には、扶余を離れ、鴨緑江の流域に移動したといわれている民族です。高句麗の人びとは、扶余と古朝鮮の二つの文化を受けて古代国家を築き上げてゆきます。最初の首都は卒本(チョルボン)でしたが、二世紀頃に集安に移されます。

古代国家が形成された頃は、超自然的な力に対する怖れや信仰が人びとを支配しました。天神崇拝、祖先崇拝が活発化したわけです。そんな背景を受けて、この地方には神話が定着します。古代国家の支配者たちは、その神話や信仰を利用して、自らが天帝の子孫だということを体系化します。「檀君神話」は、『三国遺事』に記録されて古朝鮮の建国神話になるわけです。

現在も、集安一帯には三千を超す古墳があります。なかでも壁画古墳の内部には、色彩豊かな日月(じつげつ)星辰図(せいしんず)があって、当時の高句麗人の霊魂不滅の世界観を示しています。星を描くことには、死後の世界にも霊魂だけは生き続けるという思想が反映されています。

平壌の大同江流域に位置する「薬水里(ヤッスリ)古墳」にも、北壁には権力を示す北斗七星が描かれています。また「徳花里(トッカリ)古墳」の穹窿(きゅうりゅう)形の天井構造は、宇宙空間を表現するもので、そこにも北斗七星が描かれています。

やがてその星座信仰は、民間信仰として南下し、新羅、百済、伽耶へと流れ込んできます。韓国の京畿道城南市(キョンキドソンナン)霊長山(ヨンチャ)の上には、望京庵がありますが、そこには磨崖仏坐像があって、石には「大聖北斗七元星君」と刻まれ、原始的な星座信仰が仏教に習合されたことがわかります。ソウル市には有

韓国・珍島の葬儀。巫女（ムダン）が歌い囃して葬儀を盛り上げている

名な大韓曹渓宗の奉恩寺（ポンウサ）があって、本堂である大雄殿の脇の上には北極宝殿があります。七九四年に建立された寺なのですが、その北極宝殿には、七つの星が形象化され、七星聖君という仏画が描かれています。

このように韓国各地の大きな寺には、たいてい北辰や北斗七星を祀る七星寺（チルソンダン）があり、星座信仰は高句麗から半島へと伝えられたことがよくわかります。

先ほど触れたムダンが使う舞具、三種の神器ですが、まず鈴は、七つの鈴でできているのです。それは北斗七星を意味し、天空を支配する神を呼ぶための鈴なのです。そして鏡ですが、鏡は映すものですから、神の心を探る道具なのです。鈴で神を呼び、神の意を鏡で探り、刀は悪鬼、悪霊を祓う役割を果たします。

北斗七星と妙見信仰

韓国の葬儀で、墓地に運ぶ喪輿。多くの木偶人形や、天空に昇華するための龍などが飾られている

人間の頭蓋骨にある穴は、耳・眼・鼻・口を合わせて七となります。七という数字は北斗七星に通じ、まず人間の頭には北斗七星がある、という思想が古朝鮮に浸透していたのです。朝鮮では人間が死ぬと、北斗七星が描かれた七星板を必ず棺のなかに入れます。そして遺体はこの上に横たわるわけです。

いまでも七星板を入れますが、簡略化されて、星を描いていません。そして、かつては遺体を入れた棺を村はずれの小屋に入れ、一〇年、二〇年と、遺体が溶けるまで殯(もがり)を行なったわけです。そして洗骨し、元のように七星板の上に骨を並べ、赤糸で繋ぎます。そしてふたたび棺に納め、それから墓へと納めます。これはかつての沖縄の風習と同じです。

葬列では、

北邙山川(プンマサンチョン)　遠かれど　向かいの山が　北

邙山川なり
黄泉の道　遠かれど　門の外が　黄泉の道

と、鈴を振って野辺送りの歌を唄い、葬列が進んでゆきます。

そんな北辰や北斗七星信仰は、朝鮮から日本列島へと伝えられます。大阪の四天王寺は高句麗の清岩寺廃寺と同じ伽藍配置の様式をもっています。その四天王寺には、聖徳太子の剣とされる国宝の七星剣がありますが、剣には七星が描かれています。それには呪術的意味が含まれると解釈されますが、高句麗の信仰があるわけです。この他にも正倉院や法隆寺、それに高知県の一宮（いっく）神社の鉄剣にも七星が描かれています。

大阪の能勢にある妙見山は、北極星や北斗七星を信仰する霊山として有名ですが、八世紀から九世紀にかけ妙見信仰は列島全域に広がり、寺社として妙見堂が建てられて、中世から近世にかけて、各地に妙見祭が一大流行するわけです。熊本八代の妙見祭、岩手水沢黒石の蘇民祭、ありとあらゆるところに妙見山や妙見祭があるわけです。

中世には宮中に倣い、北辰に灯を供える「御燈（ぎょとう）」が民間でも流行するのですが、男女の歌舞風俗があまりにも乱れるという理由で「北辰を祭るを禁ず」という勅令が出されるほどでした。

それにもかかわらず、「御燈祭り」や「殺牛祭」には民衆が犇（ひし）めき、放浪芸や放浪芸人はそんな祭りのなかで育まれていったのです。

日本列島は、東アジアを中心とした大陸文化の吹き溜まり文化圏です。外国で消滅した文化が、列島のなかに発見できるということさえあり得るわけです。それゆえにお隣の朝鮮半島と日本列島は、切っても切れない密接な関連があります。結論的にいえば、日本列島の文化の成立は、朝鮮半島の文化を抜いては考えられないということです。

第十五章　伽耶は倭国だった
――任那日本府は存在しない――

「鉄と伽耶(かや)の大王(おおきみ)たち」というタイトルでいま九〇分の作品を創っています。この作品は、昨日のこのフォーラム会場で上映会を行なう予定になっていました。しかし残念ながら作品はいまだ完成には至っていません。

とはいえ、これはビデオ製作なので、一度に、二、三〇名の皆さんにしか観てもらうことはできないでしょう。こんなに多勢の皆さん方が昨日も入場されたわけですから、七百数十名全員に観ていただくことはできません。

しかし、幸い、一昨年に完成し、現在も日本の各地で上映会を続けている、わたしが創った作品「土俗の乱声(らんじょう)」を、昨日「鉄と伽耶の大王たち」に替えて上映致しました。

この作品は中国・韓国・日本の祭事を追跡し、記録することで日本に対する民衆の渡来文化を検証した二時間七分の映画です。

既にご覧になった方々もおられることと思いますが、昨今、チラシや新聞に発表された「鉄と伽耶の大王たち」が、上映できなかったことをここにお詫び申し上げます。

まず、なぜこの作品がいまだ完成していないかということを簡単に説明させて下さい。そこから話に入りたく思います。

「鉄と伽耶の大王たち」は、韓国の国営放送局であるKBSと、私たちの小さなプロダクションである映像ハヌルの、日・韓共同製作による作品です。一九九一年十二月に、ソウル在住の作家・李寧熙(イヨンヒ)氏から電話が入り、伽耶をテーマにして、スペシャル番組を一本、監督してみないかということでした。いろいろ躊躇(ためら)った末、一九九二年一月に企画書を立案し、以来今日まで一年を経過しました。その間、打合せ、ロケハン、ロケ、そして編集作業と、計六回韓国へ飛び、また中国の吉林省集安へも行って広開土王碑も撮影致しました。

テレビの番組に、どうしてそんなに時間がかかったのかと申しますと、わたしは「倭」の問題を通して任那日本府の存在を否定したいという立場にあったからです。

広開土王碑（高さ六三九センチ、幅二〇〇センチ、狭い部分は一三五センチ、四面に一七七五文字）には各所に「倭」の文字が刻まれています。その倭という意味は主に敵に対する威嚇が込められ、悪い意味で引用されています。例えば倭と激烈に戦ったという事実を記録し、倭は高句麗にとっては目の上のたんこぶで、戦いの強い狡猾な集団であることを示唆しています。

しかし私たちは、そこに刻まれた倭を、倭国イコール大和朝廷だと教えられてきました。つまり五万人の高句麗の精鋭なる軍隊と、二〇年間にわたって争った倭は日本だということです。けれども、あんなに遠方の国である巨大な軍事力を持った高句麗と日本が戦争をしたということは、どうしても理解できません。日本軍が四世紀に海を渡り、玄海灘を越えて、高句麗で戦えるわけがないからです。

広開土王碑の碑文に根拠を置いて、日本の古代国家が形成された時期は四世紀中葉であったと、私たちは教えられてきたのです。そして四世紀後半になって朝鮮半島へと出兵し、任那日本府を設置したというのです。

広開土王碑に刻まれた碑文には、「倭が海を渡って出兵し、百済を破り新羅を臣民とした」と記されています。この事件を捉えて『日本書紀』は「大和朝廷が朝鮮半島に出兵し、新羅を討ち、加羅七ヶ国を平定して百済を服属させた」とし、四世紀以前に大和朝廷が半島に進出していたと記述しています。『日本書紀』は七二〇年に完成したものですが、その内容の多くは中国や朝鮮の史書を参考にして、大和朝廷の歴史を創り上げたものです。

それらの史書に記された「倭」「倭国」のすべてを大和朝廷の出来事とし、倭がそのまま日本国となったと潤色することで、まだ統一国家の存在しなかった四世紀の日本列島に「倭国」即ち「大和朝廷」という幻の強国をでっち上げてしまったのです。

いわんや、この捏造された歴史が、千数百年間、正史として罷り通ってきたことに私たちは怒りを覚える必要があると考えます。

「倭」とは、中国の史書で見た場合、夷と同義語で、手の届かぬ、遠方に住む矮少な人、または辺境に住む柔順な者、という意味が込められています。

倭人とは即ち、朝鮮半島南部沿岸地帯や、その界隈の島々、そして対馬、北九州などに居住した海上生活者集団を総称したもので、彼らは、海を舞台に生活し、漁撈や貿易にも精通していたと考えられるわけです。彼らが連合したときには、新羅や百済、高句麗にも充分対抗できる戦術と戦力を持っていたのでしょう。

朝鮮半島南部沿岸に活躍した「浦上八国」という集団も、倭とクロスして考えることができます。これは朝鮮の史書である『三国遺事』に、「浦上八国が連合して加羅を攻め、加羅の王子は新羅に救いを求めた」と記されていることです。つまり半島南部沿岸地帯には、浦上八国という海上生活集団があり、そして半島南部の内陸部には加羅国が、さらに東海岸に接する位置には新羅が君臨するという状況があったわけです。この浦上八国こそが広開土王碑に刻まれた倭の一派で、高句麗まで海を渡って侵入し、攻撃をしかけた海上軍であったとわたしは考えています。つまり古代は海が生活の表舞台で、内陸部は海の生活を包含する基地となっていたわけです。

中国の『三国志』には、新羅とじかに国境を接した倭が存在したことを記録していますし、また『漢書』地理志には、楽浪、つまり半島の海中に倭人ありと、伽耶の地が明確に記述され、そこに倭人が居たことを記録しているのです。後漢時代の書物は、中国大陸と半島に、四つの倭を指摘しています。そういった意味において、四・五世紀までの日本列島全体は「倭国」ではなかったと捉えるべきでしょう。

「鉄と伽耶の大王たち」、この作品の撮影を終了し、ＫＢＳで編集を行ない、いよいよシナリオに入りました。そしてやっと脱稿したシナリオをＫＢＳへ提出しました。

ところが、このシナリオを読んだ若いプロデューサーがたいへん驚いたわけです。なぜなら韓国南部の沿岸と伽耶の地に、倭があったとされていたからです。

韓国の人びとは、倭と言えばすべて日本をさすことは当り前で、「倭奴」「島奴」と云々する言葉が生きています。「島奴」という島の住人を軽視した言葉もあり、これは海上生活者をさす言葉のようです。つまり倭が韓国内にあるということは、現代の人びとにとっては正常な考え方ではないわけで、万一そんな作品を放映すれば、苦情がＫＢＳへ殺到し、任那日本府が存在したことを認めることになると真剣に反論するわけです。李寧熙氏からも電話があり、「倭」をテーマにした作品はいずれ別の機会に創り、今回はそれをカットするよう要請されたわけです。

けれども、わたしは企画書を提出した段階で、必ず倭の問題を入れ、任那日本府が存在しなかったことを明確にしたいと申し入れ、それから、そのテーマに沿って撮影しているわけですから絶対に後へは引かないという構えだったのです。それに倭を抜いた作品を創れば骨抜きの作品となってしまいますので妥協はしないという立場でした。

でもＫＢＳの幹部の方々も、それだけは容認できないということなので、結局、倭の問題を入れた日本向けの作品と、倭を抜いたＫＢＳ用の作品二本を製作することで決着がついたわけです。そのため、いまもって作品が完成に至っていない次第です（ＫＢＳでは一九九三年二月十五日（月）夜一〇時より一一時三〇分迄、「鉄の王国・伽耶」というタイトルで全国放送を行なった。映像ハヌルでは二月四日に作品を完成、三月中旬よりビデオ販売を行なっている）。
皆さん方も、その「鉄と伽耶の大王たち」を観る機会があれば是非ともご覧いただきたいと思います。

しかし、ここで植民地化された当時の朝鮮半島について考えてみる必要があると思いますので、このことについて述べてみます。

日本帝国主義の半島に対する学術的な考古学調査の問題ですが、それは伽耶の地に「任那日本府」が存在したことを実証しようという目的で、日本側が伽耶の古墳を徹底的に解体したことを、私たちは今回の撮影を通して知ったわけです。

私たちスタッフが伽耶の地で撮影を行なった主な場所は、まず金海（キメ）市北部洞に位置する丘陵に広がる大成洞（テソンドン）墳墓群で、これは紀元前一世紀後半から七世紀にかけて重層的に造られたものです。ここは慶星大学の助教授である申敬澈（シンギョンチョル）氏が発掘調査を行なったところです。紀元前三世紀から六世紀にかけてつくられたと考えられる環濠跡がここで発見されているのですが、申先生によると、この環濠は日本の吉野ヶ里環濠集落に影響を与えたのではないかと発言されていました。また弁韓時代の木棺墓や、伽耶時代以後と考えられる木槨墓などが多数発掘され、そこからは注目される碧玉製玉杖や楕円形鏡付轡などが発見されています。

そして同じく金海市の首露王（スロワン）墓前にある金海貝塚、そこにある鳳凰台（ポンファンデ）遺跡。これは三世紀から六世紀にかけて構築されたという高台の高地性集落遺跡。ここは釜山大学が発掘調査を行ない、柱穴や

韓国・良洞里古墳、発掘現場

住居跡、それに瓦質土器や鉄類が発見されています。同時に幅三・五メートル、深さ一・五メートルの段状逆台形に造られた環濠が九〇メートルにわたって確認されています。

そして釜山市東莱区にある福泉洞（ポクチョンドン）古墳群。やはりここも丘陵上に規模の大きな古墳があって、斜面には小型墓が数多く発見されています。この福泉洞古墳は、伽耶のなかでも大きな古墳群で、出土品も戦闘的な鉄器でつくられた武器や馬具が多数出土しています。

また、金海郡酒村面（キメグンジュチョンミョン）の良洞里（ヤンドリ）古墳群。ここは赤土の丘陵斜面に蜂の巣のように数多くの墳墓があり、現在までに二三〇基以上が発掘調査され、五五号墳からは水晶の首飾り、鈴付把頭飾付鉄剣、仿製鏡などが出土しています。でもいま発掘中の墳墓は、全体の一〇分の一にしか当たらず、すべての古墳を発掘調査するには、あと一〇年はかかるだろうと東義大学の林孝澤助教授は話していました。

いままでお話しした環濠集落遺跡や古墳遺跡は近年発掘調査されたもの、あるいは現在も調査続行中で、日本帝国主義の考古学的調査の手を免れたところです。この大発見と、そこからゴロゴロと出土した数多くの遺物によって、近年特に「伽耶」の地が注目を集めたわけです。それも多くの鉄製品の出土が関心を呼び伽耶にスポットライトが当たったわけです。

この他にもいろいろ撮影のために回ったわけですが、印象深いところは、陜川郡双冊面（ハプチョングンサンチェミョン）のやはり丘陵上に築かれた玉田（オクチョン）古墳群です。ここは大型の円墳が視野に飛び込んでくるところで、咸安（ハマン）の末（マ）伊山（イサン）古墳群に匹敵するところです。

玉田は出土品も多く、慶尚大学博物館にも展示されていますが、副葬品は鉄の武具や武器が多く、二八号墳からは蒙古鉢形冑、横矧板鋲留短甲、馬冑、馬甲などが一体となって出土していました。慶尚大学の趙栄済助教授に聞けば、いままでに調査した古墳は百十余基以上だということでした。

玉田は、伽耶にいくつかの諸国があった、そのなかのひとつである多羅国に比定できるのではないかと趙先生は話し、同時に日本で鉄をつくり出した多々羅の原郷になるのではないかと考えておられました。私も、玉田古墳群から近い多羅里という土地、いまも集落が遺されているのですが、そこへ行きましたが、その村では鉄の遺跡を発見することができませんでした。でもその近くの山では、そこへ入るのはたいへんだったのですが、鉱滓がごろごろ転がり、一目瞭然、そこが多々羅の原郷だということが手にとるように確認できました。

大伽耶の地である高霊の池山洞古墳群へ行ったときのことです。そこへ御案内下さったのは慶北大学の尹容鎮教授ですが、尹教授によれば、池山洞古墳を発掘したことで伽耶独自の文化に注目が集まり、マスコミが騒ぎはじめ、それ以後、伽耶が問題となり、伽耶と日本の関連が研究されるようになったといっておられました。

ここには大型の円墳が眼を奪うばかりの見事さで、山頂に連なり、伽耶古墳の特色を示しているのですが、これらの古墳群はことごとく日本人の手で解体・調査されているのです。末伊山古墳群、それに玉田古墳群も同様です。

尹先生に聞けば、日本が朝鮮半島を侵略した一九一〇年代に「同祖論」という理論を立て、「任那日本府」が存在したことを実証しようとしてことごとく伽耶の古墳群を発掘調査したのだそうです。私も小倉コレクションのことはおぼろげに知ってはいたのですが、いろいろ教えられ、また自分で調べてみて初めてその実体が確認できたわけです。

池山洞古墳群では、主な古墳を一九一七年以後に、日本人の手で発掘し、そこから出土した遺物を二〇台のトラックで会川のチサ里という船着場へ運び、そしてその場から船に積み込んで、洛東江へ出て、釜山に集め、釜山から日本へと持ち去ったわけです。

この日本人の手による発掘は、金海伽耶から始められ、半島に進出した財界人の宝捜しと、学術的な調査が同時進行し、盗掘となんら変わらぬ行為を繰り返していったわけです。最初は南部海岸地域、そして内陸部、さらに洛東江を上って伽耶全域に、そして伽耶以外の土地へと発掘を展開したのです。

韓国・会川のチサ里、夕景の海

それらの地域を述べますと、高霊、達城、星州、善山、咸安、昌寧、金泉、慶州、栄州、安東、大邱、陜州、泗川、統営、東莱、密陽、梁山といった一七の地域で、古墳が解体され貴重な遺物が被害にあい、そのため韓国の学者たちは出土品を通して研究も行なえないという無惨な状況があるわけです。

韓国で近年編纂された『日帝期文化財被害資料』または『対日請求韓国芸術品目録』にはそれらの現状が仔細に記録されています。

それらの遺物は、東京大学博物館、京都大学博物館、それに小倉コレクション（旧朝鮮合同電気会社社長・小倉武之助が軍部に依頼し収集した遺物三〇〇〇点）として東京国立博物館に保存されています。

考古学者と軍部、そして財界人が一体となって、懸命に「任那日本府」存在説を立証するため伽耶の古墳群をかたっぱしからひっくり返したわけですが、改竄した歴史を証明することは不可能でした。
それでも「任那日本府」は、皇国史観が是正された戦後の現代になっても、学校教科書に、堂々と記述されています。ちょっと参考に読んでみましょう。一九六五年度の高等学校社会科用の教科書には、「——四世紀に入ると、大和政権の勢力は朝鮮半島に進出し、小国家群のままの状態にあった弁韓を領土としてここに任那日本府を置き、三九一年には、さらに軍隊を送って百済・新羅をも服属させた。半島南部を征服した大和政権は、半島の富と文化を吸収して、その軍事力と経済力とを強化し、国内統一はこれによって著しく促進された」と教えているのです。
また一九八四年度の中学生用の歴史教科書には、日本列島全体を倭として捉え、伽耶の地はすべて任那と規定しています。

つまりこんな誤った歴史観が日本人の間に定着した一因は、高句麗の都が置かれた集安の広開土王碑文に刻まれた「倭」の文字を、すべて大和朝廷とイコールとして考えてきたことに原因があると考えるわけです。三世紀から四世紀にかけて、既に大和政権が誕生し、存在したなんてことは、本当にでっち上げに過ぎないと、私は考えるわけです。

伽耶という土地はたいへん長閑で、美しい場所で、幾重にも山襞が重層して迫ってくるところです。そこはまた古墳群のるつぼで、これからも、もっともっと未発見の古墳が発掘されるものと思います。伽耶はまさに鉄の王国と呼ぶに相応しい場所だと考える次第です。

『三国遺事』には、首露王が六伽耶を建国したと記述されていますが、首露王という人物は、一九九年に一五八歳で亡くなったという王様です。また「駕洛国記」にはこう記されています。「紫の縄が天から垂れ、そこには赤い布に包まれた金の盒子がありました。開けると黄金の卵が六つあり、翌日の夜明けには、六つの卵は童子に変わっていました。童子は日々に成長し、十日あまりで背丈も九尺となり、満月の日に即位しました。はじめて現われた男子を首露といい、国を大駕洛、また伽耶と称しました。六伽耶のひとつです。残りの五人は、それぞれ五伽耶の王となりました」と記されています。

伽耶六国というのは金海の金官伽耶、咸安の安羅伽耶、晋州の古寧伽耶、高霊の大伽耶、星州の星山伽耶、固城の小伽耶の各諸国をさしています。また『三国志』魏書の弁辰条には、弁辰、即ち伽耶は鉄を産出する国という記述がみえるわけです。

つまり初期の伽耶の中心は金海で、この金官伽耶の鉄文化をもった勢力は、いち早く海を渡り、対馬、北九州へと自由に往来を繰り返していたと考えられます。そして一部は日本列島へと移動定着し、倭の政権を拡大させる原動力となったと考えます。

そして中期になりますと、伽耶の小国は林立し、伽耶諸国は頻繁に百済と鉄を介在して交流を始め、百済の勢力圏内へ吸収され、伽耶と百済の流動的な合体を繰り返すことになります。この時期に、あの精鋭なる軍隊をもった高句麗と倭が戦うわけです。倭の軍隊と称するのは、つまり南韓に位置する伽耶の勢力の上に、北九州の倭軍や百済の援軍が加わって一大連合軍が形成されるわけです。広開土王碑に刻まれた倭は、この倭をさしています。

さらに後期になりますと、伽耶の地には大型の竪穴式円墳が、次々と山頂や丘陵上に構築されます。高霊の大伽耶、咸安の安羅伽耶、多羅国の玉田古墳群などがその代表でしょう。言うならば大型の竪穴式石室墓を造営する時代は、伽耶の鉄の王国としての権力の衰えを示す時代へと突入したわけで結局、伽耶諸国は、部族連盟体による古代伽耶国家を形成することができず、ついに六世紀中葉・五六二年に、国勢が隆盛を極めた新羅によって征服され、滅亡を余儀なくされるわけです。

しかしその伽耶の製鉄技術を携えた集団は、多々羅となり、韓鍛冶(からかぬち)となって日本列島へと移動渡来して、倭の勢力をどんどん広げて行き、日本文化の基礎を築き上げたのだと私は考える次第です。

主な参考文献

井上秀雄『新羅と日本』紀書房、二〇〇一年
井上秀雄『倭・倭人・倭国』人文書院、一九九一年
木下礼仁『日本書紀と古代朝鮮』塙書房、一九九三年
渡邉義浩『魏志倭人伝の謎を解く』中公新書、二〇一二年
水野祐『評釈　魏志倭人伝』雄山閣、一九八七年
上田正昭『古代史のいぶき』ＰＨＰ研究所、一九八一年
宇治谷孟『続日本紀』全現代語訳（上・中・下）、講談社学術文庫、一九九二年
鳥越憲三郎『古代朝鮮と倭族―神話解読と現地調査―』中公新書、一九九二年
網野善彦『日本の歴史をよみなおす』筑摩書房、一九九六年
網野善彦『海民と日本社会』新人物往来社、一九九八年
沖浦和光編著『日本文化の源流を探る』解放出版社、一九九七年
李杜鉉『朝鮮芸能史』東京大学出版会、一九九〇年
増本喜久子『雅楽―伝統音楽の新しいアプローチ―』音楽の友社、一九六八年
東儀和太郎、ウィリアム・マーム『日本の伝統７　雅楽』淡交社、一九六八年
芸能史研究会編『日本の古典芸能２　雅楽』平凡社、一九七〇年
押田良久『雅楽鑑賞』文憲堂七星社、一九六九年
山本和信、前田憲二、萱沼紀子『渡来の祭り』風書房発行、芸術新聞社発売、一九九一年
前田憲二『金千興　韓国古典伝統舞踊公演』舞踊公演パンフレット、映像ハヌル、一九九三年
『信濃毎日新聞』「すわろじ９」二〇〇一年一月八日

『韓国国立中央博物館（日本語版）』通川文化社、一九八六年
『海を渡ってきた人と文化―古代日本と東アジア―』京都文化博物館、一九八六年
「神長官守矢史料館栞」茅野市神長官守矢史料館、一九九〇年
『大岩山出土銅鐸図録』滋賀県野洲町歴史民俗資料館、一九八八年
『萱野茂のアイヌ語辞典』三省堂、一九九六年
金聖培『韓国の民俗』成甲書房、一九九一年
前田憲二『日本のまつり―どろんこ取材記―』造形社、一九七五年
前田憲二『渡来の祭り　渡来の芸能―朝鮮半島に源流を追う―』岩波書店、二〇〇四年
金富軾著、金思燁訳『完訳・三国史記』明石書店、一九九七年
一然著、金思燁訳『完訳・三国遺事』明石書店、一九九七年
諏訪春雄、川村湊編『アジア稲作文化と日本』雄山閣出版、一九九六年
野洲町歴史民俗博物館編『野洲町歴史民俗資料』銅鐸博物館、二〇〇二年
坂本太郎、家永三郎、井上光貞、大野晋校注『日本書紀（一）～（五）』岩波文庫、二〇〇四年
上田正昭『古代の道教と朝鮮文化』人文書院、一九八九年
前田憲二「アジア文化研究プロジェクト会報」最終号、学習院大学東洋文化研究所編、二〇〇三年
青山茂編『奈良県』河出書房新社、一九八四年
倉野憲司、武田祐吉校注『日本古典文学大系1』「古事記祝詞」岩波書店、一九五八年
網野善彦『古文書返却の旅』中公新書、一九九九年
京都市歴史資料館編『八瀬童子会文書』京都歴史資料館、二〇〇〇年
西角井正慶編『年中行事辞典』東京堂出版、一九五八年
池田昭『天皇制と八瀬童子』東方出版、一九九一年

金達寿『日本の中の朝鮮文化3　近江、大和』講談社、一九七二年
前田憲二「渡来の祭事」『季刊はぬるはうす』39号　NPO法人ハヌルハウス、二〇一二年
前田憲二　長編記録映画「恨（ハン）・芸能曼陀羅」シナリオ、一九九五年
杉山二郎『遊民の系譜』青土社、一九八八年
野村伸一『韓国の民俗戯』平凡社、一九八七年
吉井貞俊『えびす信仰とその風土』国書刊行会、一九八九年
『朝鮮を知る事典』平凡社、一九八六年

あとがき

テレビ番組のドキュメンタリーや長編記録映画を数多く撮り続けた私は、家族たちにどれだけ多くの不安や緊張を味わさせたことだろうか。

　日本に祭事は三〇万以上あり、毎日、どこかで祭りは行なわれている。しかもそれらの祭事は各地各様に風土と生活を背負い、地方によって同じ獅子舞でも、その仕種や衣裳、舞の内容はすべて異なっている。

　列島内で最も祭事が多い日は、大晦日から元日にかけての祭り、例えば山形県羽黒山の「松例祭」、秋田県男鹿半島一帯の「なまはげ」、等々である。

　そのため私は三十歳代から四十歳代にかけ一〇年続け正月は家を留守にした。家族全員で正月を迎えたことがない。仕事とはいえ、どれだけ家族に迷惑をかけたことだろうか。祭りの取材をやっと終えた後も、また一〇年間、大晦日は家族と共にじっとしてはおれず、家から徒歩でおよそ一時間の埼玉県新座市にある臨済宗・平林寺まで一人して歩いて除夜の鐘を撞きに行った。つまり二〇年間、正月を迎える一家団らん時には、私一人が家を留守にした。

　知人らは私を詰（なじ）った。それも当然だろう。

私が撮ったすべての映像、長編や短編は、歴史と民俗が基調になっている。それゆえそれらの作品は現場へと足を踏み込んでいる。そんなこともあってか、各地の情報や、民俗文化を知りたいと、あちらこちらの団体や大学から講演や原稿を依頼された。

そのために、いろんな場へ出向き、語り、そして記したが、それらを集輯（しゅうしゅう）し、また新たに加筆したり、書き下ろした結果、この本ができあがった。

まず、女房や長男、次男、それに孫たちにも「ありがとう」と礼を尽くしたい。

また、現代書館の元編集長・村井三夫氏とは本書の打ち合わせで、縄暖簾を何回潜ったことだろうか。地方の温泉宿に一週間ばかり滞留し、この文を綴ったが、そこにも氏は訪ねてきて、湯を浴び寝食を共にした。深く村井氏には感謝したい。

その上で、映画の各スタッフ、特に撮影の北村徳男氏やNPO法人ハヌルハウスのスタッフ、また、楽しく旅を共にした友人たち、そして現代書館の社長・菊地泰博氏はじめ皆さん方に心底から「カㇺサハㇺニダ」と、お礼を述べたい。

前田憲二

二〇一五年三月十五日

初出一覧

第一章　卑弥呼は古代朝鮮の巫女だった（書き下ろし）

第二章　朝鮮半島にルーツをもつ天皇家（諏訪春雄責任編集『GYROS（ジャイロス）』④、勉誠出版、二〇〇四年）

第三章　韓国古典舞踊と広大・白丁（韓国文化院監修『月刊韓国文化』10号、悠思社、一九九四年）

第四章　風土から捉えた日本の祭り（『季刊ハヌルハウス』創刊号、NPO法人ハヌルハウス、二〇〇二年）

第五章　渡来文化にみる神社と祭り（『新日本文学』648号、新日本文学会、二〇〇四年三、四月合併号）

第六章　神社成立の謎と神とコメの所在（書き下ろし）

第七章　百済王権から日本へ（『季刊はぬるはうす』26号、NPO法人ハヌルハウス、二〇〇九年）

第八章　アニミズムは沈黙と闇のなかにある（『季刊はぬるはうす』同 32号、二〇一一年）

第九章　このクニのかたちと内実（『季刊はぬるはうす』同 23号、二〇〇八年）

第十章　鬼の子孫・八瀬童子の赦免地踊り（『季刊はぬるはうす』同 35号、二〇一一年）

第十一章　性と祭り　日本と朝鮮半島との融合（諏訪春雄編『東アジアの神と祭り』雄山閣出版、一九九八年）

第十二章　渡来の祭事（『季刊はぬるはうす』同 39号、二〇一二年）

第十三章　漂泊の人形遣い　傀儡の謎を追って（『へるめす』岩波書店、一九九六年五月号）

第十四章　朝鮮半島と日本列島を通底する文化（沖浦和光編『日本文化の源流を探る』解放出版社、一九九七年）

第十五章　伽耶は倭国だった（諏訪春雄編『倭族と古代日本』雄山閣出版、一九九三年）

※いずれの論文も、単行本化にあたって大幅に加筆を施した。

前田憲二（まえだ・けんじ）

一九三五年生まれ。映画監督。

長編記録映画の代表作に『おきなわ戦の図・命（ぬち）どぅ宝』（一九八四年）、『土佐の泥繪師繪金』（一九八六年）、『神々の履歴書』（一九八八年）、『土俗の乱声（らんじょう）』（一九九一年）、『恨（ハン）・芸能曼陀羅』（一九九五年）、『百萬人の身世打鈴（シンセタリョン）』（二〇〇〇年）、『月下の侵略者―文禄・慶長の役と「耳塚」』（二〇〇九年）、『柿の木の下で―東学農民革命』（二〇一五年夏完成予定）。

テレビ作品には「日本の祭り」「日本の奇祭」など二五〇本以上。

一九九二年より二〇〇三年まで、学習院大学東洋文化研究所アジア文化研究プロジェクト、比較民俗学・運営委員。

主著に『日本のまつり―どろんこ取材記』（造形社）、『渡来の祭り 渡来の芸能』（岩波書店）、共著に『渡来の原郷―白山・巫女・秦氏の謎を追って』（現代書館）、『日本文化の源流を探る』（解放出版社）、『韓国併合100年の現在（いま）』（東方出版）など多数。

現在、NPO法人ハヌルハウスの代表理事。二〇〇一年、韓国政府より玉冠文化勲章を授与される。

祭祀（さいし）と異界（いかい）
――渡来の祭りと精霊への行脚――

二〇一五年五月二十五日　第一版第一刷発行

著　者　前田憲二
発行者　菊地泰博
発行所　株式会社現代書館
東京都千代田区飯田橋三―二―五
郵便番号　102-0072
電　話　03（3221）1321
F　A　X　03（3262）5906
振　替　00120-3-83725

組　版　デザイン・編集室エディット
印刷所　平河工業社（本文）
東光印刷所（カバー）
製本所　積信堂
装　丁　中山銀士

校正協力／迎田睦子・西川　亘

 ISBN978-4-7684-5759-7